Okerbrücken

am Braunschweiger Wallring

Arnhold & Kotyrba

Braunschweig - eine Stadt der Brücken

Jeder Einwohner, jeder Besucher der Stadt benutzt sie - die Brücken über die Oker-Umflutgräben in Braunschweig. Eine Überquerung der Flussläufe geschieht, besonders mit dem Kraftwagen, meist unbewusst. Konstruktion, Gestalt und Geschichte der Brücken sind vielen Bewohnern und den meisten Gästen Braunschweigs weitgehend unbekannt. Am besten lassen sich die vielfältigen Brückenbauwerke bei einer Bootsfahrt auf den Okergräben erleben.

Die heutigen Okerbrücken stammen aus dem Zeitraum der letzten eineinhalb Jahrhunderte. Sie zeigen einen repräsentativen Querschnitt durch die Architekturgeschichte und den Ingenieurbau seit der Mitte des 19. Jahrhunderts. Doch reicht die Geschichte der Brücken oft bis weit in das Mittelalter, in das 12. und 13. Jahrhundert, zurück. Während die Oker ursprünglich durch die heutige Innenstadt verlief, schuf man für die Anlage der Stadtbefestigung künstliche Okergräben um die Stadt herum. Die ersten Gräben entstanden bereits mit der Aufsiedlung der Altstadt und der planmäßigen Anlage der Teilstadt Hagen im 12. Jahrhundert. Im frühen 13. Jahrhundert entstand ein Mauerring, der auch die Altewiek und schließlich das Weichbild Neustadt umfasste. Vor den Mauern verliefen die Okergräben. An den Tortürmen der Stadtmauer wurden hölzerne Zugbrücken errichtet. Mit dem Neustadtmühlengraben und einem Rest des Wendenmühlengrabens ist ein Teil des mittelalterlichen Grabensystems noch erhalten.

Nach der Erfindung und Verbreitung des Schießpulvers mussten die Befestigungsanlagen gegen den Einsatz von Kanonen verstärkt werden. Daher entstanden im 14. Jahrhundert vor den bisherigen Stadtgräben weitere Wälle, denen wiederum Gräben vorgelagert waren. Zur Überquerung der äußeren Gräben war der Bau weiterer Torbrücken erforderlich, die ebenfalls in Holz ausgeführt wurden. Die Befestigungen mussten ständig verbessert und ausgebaut werden, um mit der Entwicklung der Feuerwaffen Schritt zu halten. Auf den Wällen entstanden nun Vortore und an wichtigen Stellen auch Geschütztürme. Nach den ersten Rundbastionen der Zeit um 1500 kam es im darauffolgenden Jahrhundert zur Errichtung der ersten pfeilförmigen **Bastionen**. Verbreiterungen der äußeren Gräben machten abermals den Neubau der dortigen Torbrücken erforderlich. Über den inneren Gräben wurden schon im späten Mittelalter steinerne Bogenbrücken erbaut.

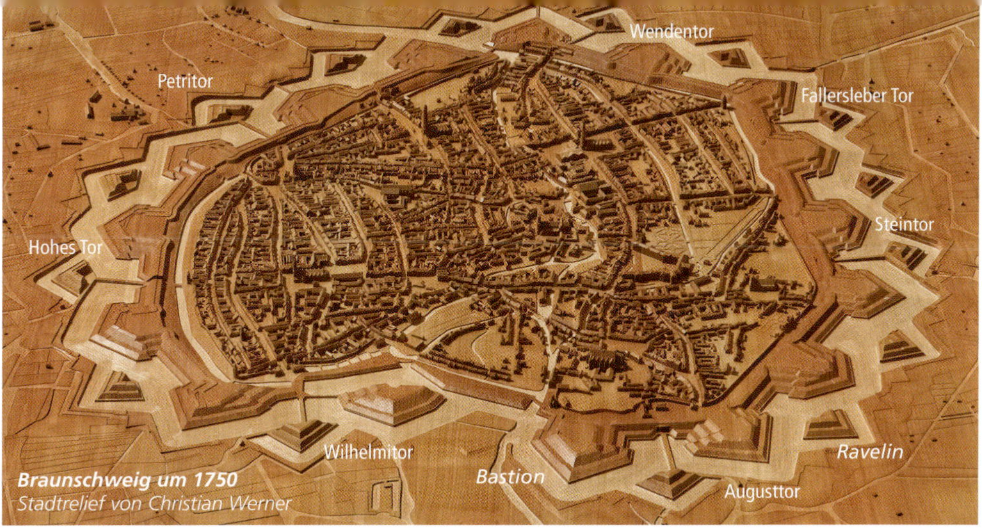

Braunschweig um 1750
Stadtrelief von Christian Werner

Nach der Eroberung Braunschweigs durch Herzog Rudolf August (1671) wurde die lange Zeit widerspenstige Stadt in den absolutistischen Staat eingegliedert. Auf Befehl der Landesherren entstand von 1692 bis um 1730/40 eine gewaltige barocke Bastionärbefestigung, die niemals ganz fertiggestellt wurde (Abb. oben). Damit mussten auch sämtliche Torbrücken neu errichtet werden, zumal man die Gräben deutlich verbreitert hatte. Im Zuge der Neubefestigung wurden das Magni- und Neustadttor geschlossen und an Stelle des Michaelistores das Wilhelmitor geschaffen. Die Torwege in die Stadt führte man aus verteidigungstechnischen Gründen immer über die inselartigen Bastionen (**Ravelins**) innerhalb des Grabens. Die Ravelins schirmten die Tore von der Feldseite ab. Aus diesem Grund mussten zur Überquerung des Grabensystems immer zwei Brücken gebaut werden, eine lange Torbrücke und eine kürzere Ravelinbrücke. In die hölzernen Grabenbrücken waren Zugbrücken integriert. Aus der Barockzeit sind die ersten zeitgenössischen Bauzeichnungen von Brücken erhalten geblieben (Abb. S. 11 und S. 42/43). Die Brückenkonstruktionen ruhten über Pfahlgründungen im Grabenbett und waren bisweilen als Sprengwerke ausgebildet. Mit den Sprengwerken wurden die Lasten der einzelnen Brückenjoche über diagonal angeordnete Druckstreben in die Pfahlgründungen abgeleitet. Die Konzeption der Holzbrücken sah für den Fall einer Belagerung einen Abbau vor. Dies geschah schließlich 1761, während einer Belagerung Braunschweigs im Siebenjährigen Krieg (1756-63).

Die Bastionärbefestigung erwies sich bald als überholt und untauglich für eine effektive Verteidigung.

Wallanlagen und Gräben verfielen in einen ungepflegten Zustand, zumal die übermäßig breiten Gräben verlandeten. Es kam die Zeit der „Entfestigung" von Städten. Im Jahr 1801 berief Herzog Karl Wilhelm Ferdinand eine „Wall-Demolierungs-Kommission" ein. Ab 1803 wurde der geniale Baumeister Peter Joseph Krahe (s. S. 23) mit den Planungen betraut. Die Umgestaltung zog sich, unterbrochen durch die Wirren der Napoleonischen Epoche, bis in die 1820er Jahre hin. So entstand einer der schönsten Promenadenringe Europas (Abb. rechts). Die wichtigsten Komponenten der Planungen waren die gewundenen Flussläufe der Umflutgräben und die Anlage von Wallstraßen (Avenuen). Die gewundenen Verläufe der Umflutgräben gehen auf die Form der barocken Bastionärbefestigung zurück. Die Gräben wurden verschmälert und durch neue Wehre reguliert. Abermals mussten sämtliche Brücken über die äußeren Gräben neu errichtet werden. Die Brückenbauten Krahes standen immer in gestalterischem Zusammenhang mit der gesamten Torsituation, zu der auch die Torhäuser gehörten. Während 1806 die Augusttorbrücke noch als steinerne Bogenbrücke gebaut wurde, konnten die übrigen Brücken nach den Befreiungskriegen großenteils nur in Holz ausgeführt werden. Sie wurden so gestaltet, dass sie als massive Bogenbrücken wirkten. Die hölzernen Bogenkonstruktionen mussten immer wieder instand gesetzt werden.

Nach Eröffnung des Bahnhofes im Süden der Stadt wurden neben den Brücken an den traditionellen Stadttoren die ersten neuen Okerübergänge geschaffen. Mit der Industrialisierung und dem anfangs langsamen, dann planmäßigen Wachstum der Stadt über den Wallring hinweg, begann eine neue Epoche des Brückenbaus. Nun wurden weitere Zugänge in die Innenstadt geschaffen, um die neuen Wohnquartiere und Fabrikanlagen anzubinden. Als Fahrbrücken errichtete man ab 1880 die Pockels-, Theater-, Leonhard- und Ferdinandbrücke, während für den Fußgängerverkehr die Ottmer-, Sidonien- und die Rosentalbrücke entstanden. Dem zunehmenden Verkehr und der Einführung der Straßenbahn waren die vorhandenen Brücken konstruktiv und maßlich nicht mehr gewachsen. Das Problem wurde auf unterschiedliche Weise gelöst. Meist ersetzte man die bisherigen Holzkonstruktionen durch Steinbögen oder Stahltragwerke, auch neuartige Betonverbundkonstruktionen kamen zum Einsatz. Die Brückenbauten der Gründerzeit bieten einen interessanten Überblick über die Bandbreite der damals möglichen Bauverfahren.

Im Zuge des Wiederaufbaus nach den großflächigen Zerstörungen des Zweiten Weltkrieges wurde die Innenstadt für den Individualverkehr erschlossen. Für den Ausbau zur autogerechten Stadt erfolgten auch starke Eingriffe in das Gesamtkunstwerk des Wallrings. Etliche der um 1900 errichteten oder umgebauten Brücken genügten den Anforderungen des modernen Verkehrs nicht und wurden nach und nach durch Neubauten ersetzt. Es entstanden zumeist schlichte, funktionalistische Betonbrücken ohne gestalterischen Charakter, bis 2002 die Petritorbrücke durch einen ambitionierten Neubau ersetzt wurde. Mit dem Abbruch der Fallerslebertorbrücke ist 2010 ein weiterer, bedeutender Brückenbau verschwunden. Auf der anderen Seite sind mehrere der historischen Brücken restauriert worden. Sie sind Zeugnisse eines eher unbekannten, aber spannenden Teils der Baugeschichte dieser Stadt.

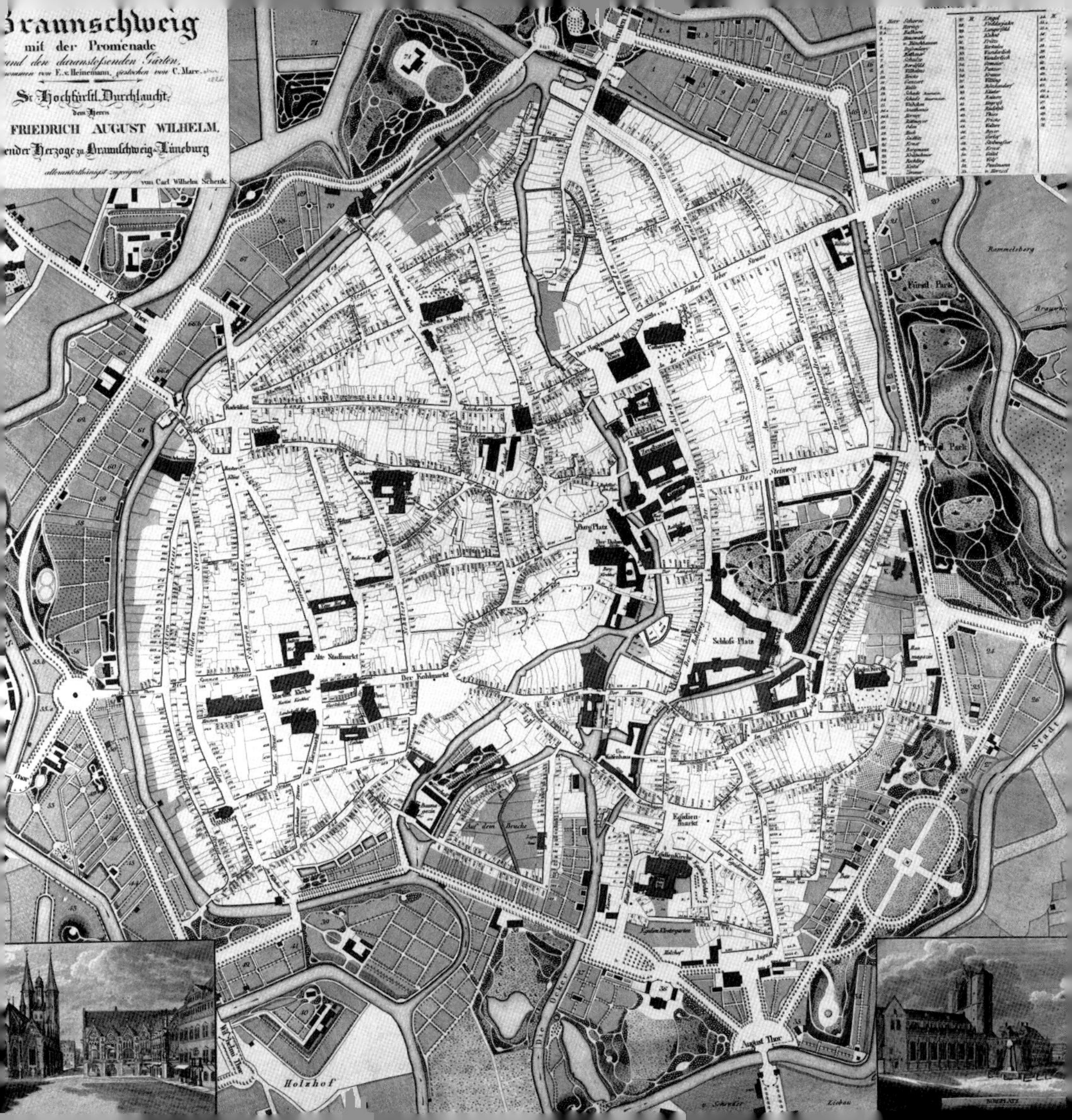

mit der Promenade
und den daranstoßenden Gärten,
von E. v. Heinemann, gestochen von C. Mare.
Sr. Hochfürstl. Durchlaucht,
dem Herrn
FRIEDRICH AUGUST WILHELM,
Herzoge zu Braunschweig-Lüneburg
alleruntertänigst zugeeignet
von Carl Wilhelm Schenk.
Der Hagenmarkt
Burg Platz
Schloss Platz
Der Steinweg
Alte Stadtmarkt
Der Kohlmarkt
Aegidien markt
Auf dem Bruche
Fürstl. Park
Park
Rammelsberg
Holzhof
August Thor
Die Ocker

***Wendentorbrücke**, Ostansicht*

Wendentorbrücke

Die Wendentorbrücke verbindet die Hauptausfallstraße nach Norden, in Richtung Gifhorn, Lüneburg und Hamburg (Mühlenpfordtstraße, Wendenring, Hamburger Straße), mit der Innenstadt. Sie gehört zu den alten Torbrücken des mittelalterlichen Weichbildes Hagen, das bekanntlich auf eine Gründung Heinrichs des Löwen (um 1160) zurückgeht.

Die heutige Wendentorbrücke ist die einzige erhaltene Brücke im Innenstadtbereich, die in der 1. Hälfte des 20. Jahrhunderts, in der „Zwischenkriegszeit", errichtet wurde (vgl. Petritorbrücke, S. 46). Es handelt sich um einen 1933 entstandenen Stahlbetonbau mit Flusspfeiler. Durch ihre Breite und die kurvige Führung ist der Brückenbau auf den Autoverkehr und die Straßenbahnlinie ausgerichtet. Die Brückenköpfe nehmen Elemente der klassizistischen Gestaltung auf (Abb. S. 9 unten). Beachtenswert ist das sorgfältig gestaltete Geländer. Die Entwurfspläne sind von dem damaligen Stadtbaumeister August Lillig unterzeichnet.

Vor dem Brückenneubau der 1930er Jahre existierte ein Bauwerk, dessen Kernsubstanz noch aus dem frühen 19. Jahrhundert stammte. Die Brückenköpfe bzw. Widerlager und ein Teil des Mittelpfeilers gehörten noch zu einer von Peter Joseph Krahe 1818-20 errichteten Okerbrücke. Ihre Maße und die hölzernen Brückenbögen genügten den Anforderungen des Verkehrs in der 2. Hälfte des 19. Jahrhunderts nicht mehr. Daher wurde sie 1870 durch eine Konstruktion aus

***Wendentorbrücke**, Südostansicht (um 1900)*

***Wendentorbrücke**, Westansicht (um 1840)*

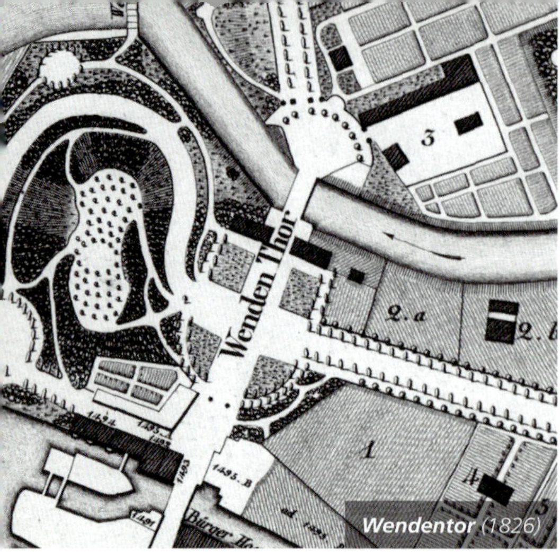

***Wendentor** (1826)*

***Wendentor** (1815)*

Eisenlaschenträgern verbreitert (Abb. S. 9 oben). Damit waren auch Veränderungen an den Widerlagern und Ergänzungen der Flusspfeiler erforderlich. Die Laschenträger waren durch kreuzförmig angeordnete Eisenbänder gekennzeichnet. Der Entwurf stammte von Kreisbaumeister Hartmann.

Die klassizistische Bogenbrücke von Krahe (Abb. S. 9 unten) entstand im Zuge der Neugestaltung des Promenadenrings. Sie war ein Bestandteil der einheitlich konzipierten Torsituation (Abb. links oben), die heute noch gut ablesbar ist. Ihre eleganten Bogenkonstruktionen bestanden aus Holz und waren außenseitig verkleidet, um einen massiven Brückenbau vorzutäuschen. Die Einbettung des Brückenbaus und der Toranlage in den Wallring entsprach den Merkmalen der Gestaltung eines Landschaftsparks. Ein Vergleich der Torsituationen **1815** (vor der Neugestaltung des Wendentores) und **1826** verdeutlicht diesen Aspekt und die planerische Leistung Krahes.

Die historischen Lagepläne zeigen auch noch die innere Grabenbrücke über den auf die hochmittelalterliche Stadtbefestigung zurückgehenden Wendenmühlengraben. Die Brücke wurde um 1880 mit der Überwölbung des Grabenabschnittes abgebrochen.

Bei der ältesten bildlich und archivalisch gut überlieferten Wendentorbrücke handelt es sich um eine Holzbrücke, die nach dem Bau der barocken Bastionärbefestigung entstanden war. Von dem längeren Abschnitt der zweiteiligen Brücke ist eine **Entwurfszeichnung** erhalten. Sie gehörte vermutlich zu einem

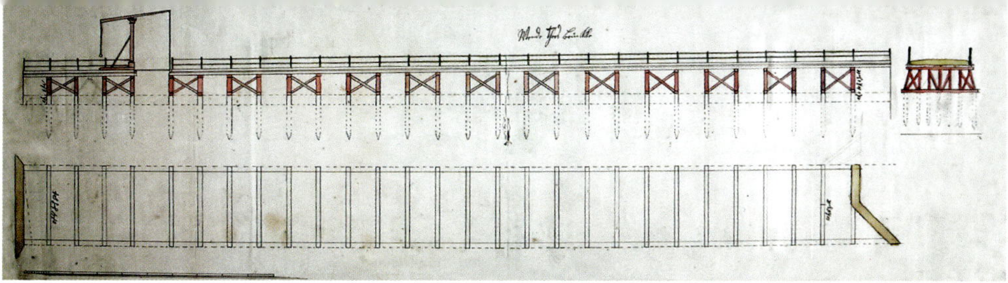

***Wendentorbrücke**, Entwurfszeichnung, wohl 1732 von Ernst Bindeweis.*
Die Planzeichnung für die längere, innere Torbrücke ist ein seltenes Zeugnis für die zeitgenössische Darstellung einer Braunschweiger Festungsbrücke (vgl. Abb. S. 42/43). Unmittelbar vor dem Stadttor befand sich eine Zugbrücke. Die Eichenpfähle der Tragkonstruktion sind in den Grabenboden gerammt und in jeder zweiten Achse durch Verstrebungen (Andreaskreuze) ausgesteift.

in den Archivalien für 1732-38 überlieferten Bau einer „neuen Wendenthors- und Ravelinbrücke". Als Baumeister ist Ernst Bindeweis überliefert, der in Braunschweig auch Bürgerhäuser errichtete.

Ihr Vorgängerbau ist wiederum in einer **1716** entstandenen Darstellung von dem Kupferstecher Johann Georg Beck überliefert. Dabei handelte es sich um eine nach der Eroberung Braunschweigs durch Herzog Rudolf August 1671 errichtete Holzbrücke. Diese Brücke musste mehrfach erneuert und verändert werden, um sie der Stadtbefestigung anzupassen. Der Kupferstich von 1716 zeigt anschaulich die strenge Überwachung der Stadteingänge mit Schlagbaum und Wachsoldat sowie hölzerne Portale mit seitlichem Fußgängertor.

***Wendentorbrücke** (1716)*

Brücke Pockelsstraße, *Südostansicht*

Brücke Pockelsstraße

Die 1871 errichtete Brücke Pockelsstraße führt über den östlichen Umflutgraben und verbindet den Wallring (Fallerslebertorwall) in gerader Linie mit der Pockelsstraße und dem dortigen Forumsplatz der TU Braunschweig. Sie gehört zu den Brücken, die in den so genannten Gründerjahren völlig neu errichtet wurden. Die Pockelsbrücke ermöglichte eine direkte Verbindung des, schließlich 1877 entstandenen, Neubaus der Technischen Hochschule mit der Innenstadt.

Als Architekt des Brückenbaus ist Constantin Uhde (1836-1905) überliefert. Uhde gehört zu den wichtigsten Baumeistern des Historismus in Braunschweig, er schuf auch den Entwurf für das heutige Altgebäude der Technischen Universität. Die Pockelsbrücke zeigt sich als genietete Eisenkonstruktion, während die Widerlager in Werksteinmauerwerk ausgeführt sind. Die Untergurte der eisernen Fachwerkträger sind bogenförmig gestaltet, zur Aussteifung in Querrichtung dienen kreuzförmig angeordnete Eisenbänder. Das Eisenfachwerk der Träger setzt sich in erster Linie aus Druckstreben zusammen, welche die Lasten über die Bogengurte zu den Widerlagern abtragen. Der Fahrbahnbelag besteht aus Holzbohlen. Die Brücke ist ein schönes Beispiel für den Ingenieurbau des 19. Jahrhunderts. Mit Ausnahme des ornamental gestalteten Geländers sind keine dekorativen Elemente sichtbar.

Eine Beschädigung im Zweiten Weltkrieg konnte schon 1946 repariert werden. Seit 1998 ist die Brücke für den Fahrzeugverkehr gesperrt.

***Brücke Pockelsstraße**, Träger*

***Fallerslebertorbrücke**, Südansicht*

Fallerslebertorbrücke

Die Fallerslebertorbrücke ist eine der alten Torbrücken, deren Geschichte bis in das Mittelalter zurückreicht. Sie führt über den östlichen Umflutgraben und verbindet die Hauptausfallstraße nach Nordosten, in Richtung Berlin (Berliner Straße) und Wolfsburg, mit der Innenstadt. Gleichzeitig verknüpft die Brücke den Nordteil des östlichen Ringgebietes mit dem Stadtkern.

Mit dem 2010/11 erfolgten Neubau ist die Fallerslebertorbrücke das jüngste Brückenbauwerk im Bereich der Braunschweiger Innenstadt. Der über einen Architekturwettbewerb ausgewählte Entwurf stammt von dem Büro von Gerkan, Marg und Partner (Hamburg). Es handelt sich um ein homogenes Betonbauwerk mit geschwungenen Widerlagern und an der Unterseite bauchförmig gestalteter Tragkonstruktion. Damit klingt die Grundform des Vorgängerbaus an.

Der bis 2010 existierende Vorgängerbau war in mehrfacher Hinsicht bemerkenswert. In diesem, 1904 entstandenen Brückenneubau (Abb. rechts), waren die beiden Brückenköpfe (Widerlager) von einem klassizistischen Brückenbauwerk (Abb. S. 16) übernommen worden. Sie bestanden aus großen Natursteinquadern. Die zu Beginn des 20. Jahrhunderts neu gebaute Okerbrücke erfolgte nach einem seiner Zeit aktuellen, technisch neuartigen Verfahren. Es wurde nach seinem Erfinder, dem Ingenieur Max Möller (1854-1935) als System Möller bezeichnet. Das Tragwerk der „Möller-Brücken" besteht aus Trägern, die nach unten hin

Fallerslebertorbrücke, *Südansicht (1906)*

Fallerslebertorbrücke *(Entwurfszeichnung, 1904)*

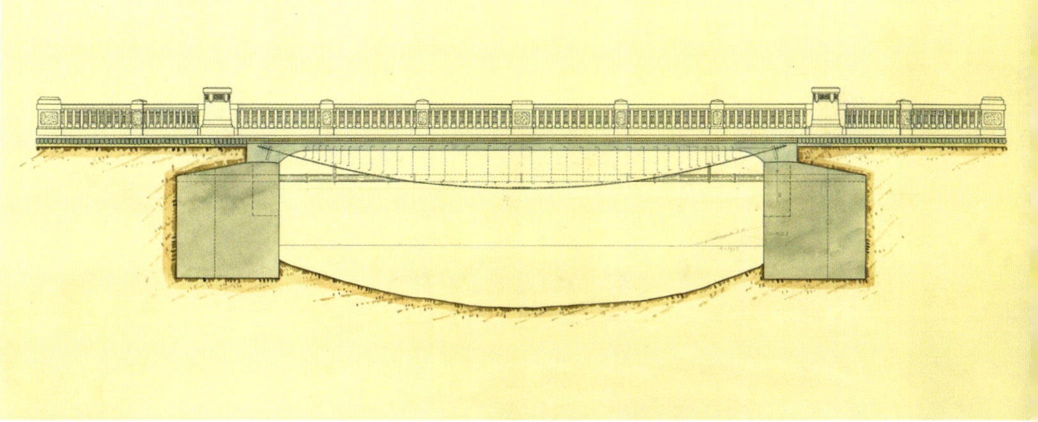

Fallerslebertorbrücke *(um 1900)*

Fallerslebertorbrücke
Holzkonstruktion (um 1900)

ausgebaucht sind (Hänge- oder Fischbauchträger). Die Form entsteht durch bogenförmige Stahlbänder, die in den Widerlagern verankert sind und eine Auflage aus Beton besitzen, welche den Oberbau tragen. An der Fallerslebertorbrücke zeigten die außen sichtbaren Möller-Träger jeweils die Jahreszahl „1904" mit rahmenden Jugendstilornamenten. Die Kraftlinie der Trägerunterseite war durch ein stilisiertes Tau gekennzeichnet. Auf den Eckpostamenten der Brückengeländer wurden 1906 vier Soldatenstandbilder der Braunschweigischen Militärgeschichte aufgestellt (im Zweiten Weltkrieg entfernt). Vor dem Abbruch war die Brücke bereits durch eine 1956 erfolgte Verbreiterung durch Auskragungen aus Beton verändert worden.

Vor dem Bau der „Möller-Brücke" war das 1819 entstandene, klassizistische Brückenbauwerk von Peter Joseph Krahe unverändert erhalten (Abb. links). Die hölzerne Bogenkonstruktion war nach außen hin verkleidet und so gestaltet, dass der Eindruck einer steinernen Bogenbrücke entstand. Die während der Umgestaltung der Wallanlagen errichtete Brücke muss im Gesamtzusammenhang mit der klassizistischen Torsituation gesehen werden. Jede Toranlage war eine individuell gestaltete Einheit von großer stadtbaukünstlerischer Qualität.

Für die Barockzeit ist ein Neubau der Fallerslebertorbrücke in den Jahren 1706/07 sowie 1711 überliefert. Die Errichtung dieser zweiteiligen Holzbrücke stand im Zusammenhang mit den Bastionärbefestigungen. Sie musste in der Folgezeit mehrfach repariert werden.

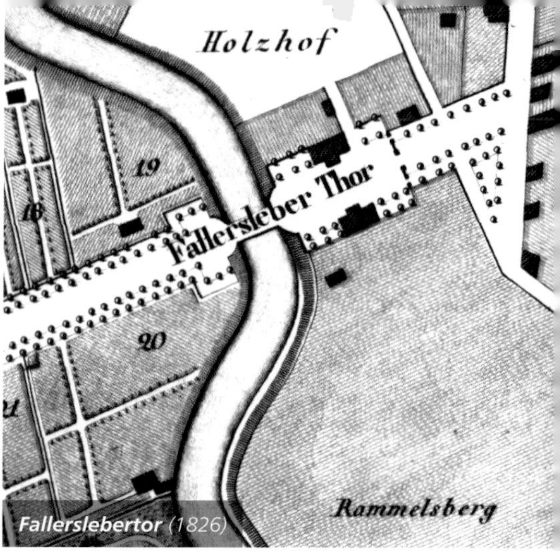

Fallerslebertor (1826)

Klassizismus

Als Reaktion auf Barock und Rokoko entstand in der *Mitte des 18. Jahrhunderts* eine Bewegung, die sich auf die wahren Werte des klassischen Altertums bezog. Die Epoche des Klassizismus fällt zeitlich mit der Klassik in Literatur und Musik zusammen.

In der Architektur spielte die *wissenschaftliche Erforschung antiker Bauten* eine große Rolle. Erstmals wurde auch das Interesse an altgriechischer Baukunst geweckt.

Die Formen der antiken Vorbilder sollten nun möglichst korrekt angewendet werden. Auf den barocken Prunk folgte eine *klare* und oft *einfache*, aber *würdevolle* Architektur.

Theaterbrücke, Südansicht

Theaterbrücke

Mit der 1888/89 errichteten Theaterbrücke entstand nach Entwurf des Stadtbaurats Ludwig Winter einer der repräsentativsten Brückenbauten der Stadt. Die Brücke führt in Verlängerung des Steinweges um das Staatstheater herum in die Jasperallee. Die Allee, damals „Kaiser-Wilhelm-Straße", ist die Hauptachse der östlichen Stadterweiterung des späten 19. Jahrhunderts. Die Planung der Erweiterung wurde ebenfalls von Winter vorgenommen. Die Jasperallee und ihr Umfeld waren für Angehörige der höheren Bevölkerungsschichten angelegt. Für diese repräsentative Achse sollte mit der neuen Brücke ein entsprechender Auftakt geschaffen werden. Dieser seiner Zeit ebenfalls nach dem Staatsoberhaupt „Kaiser-Wilhelm-Brücke" genannte Flussübergang ist eine der in den „Gründerjahren" (1871-1914) neu angelegten Okerbrücken.

Die Theaterbrücke ist eine in Werksteinmauerwerk errichtete Bogenbrücke mit viertelkreisförmig ausschwingenden Widerlagern. Auf der Stadtseite besteht ein doppelbogiger Durchgang für den Fußgängerweg neben dem Flusslauf. Die Formensprache ist an derjenigen der Renaissance und des Barock orientiert. Großformatige Steinquader mit tiefen Fugen und rauher Oberfläche, so genannte Bossenquader, betonen Pfeiler und Bogenöffnungen. Über einem Gesimsprofil ist das Geländer als kräftige Balustrade ausgebildet. Die Balustrade ist von Postamenten unterteilt. Auf den Eckpostamenten wurden 1902 vier Statuen mit

Theaterbrücke, Querschnitt (Entwurfszeichnung von Ludwig Winter, 1887)

Darstellungen der Tugenden aufgestellt. Sie wurden von den Künstlern Ernst Müller und Gottlieb Elster (beide Berlin) entworfen und in der Braunschweiger Gießerei Rinckleben in Bronze gegossen. Der Figurenschmuck fiel der Einschmelzung im Zweiten Weltkrieg zum Opfer. Auf den mittleren Postamenten über dem Brückenbogen waren Kandelaber aufgestellt.

Die Theaterbrücke zeigt den Anspruch und die Qualität der städtebaulichen Planung und der Architektur im östlichen Stadterweiterungsgebiet. Mit Ludwig Winter haben wir einen typischen Vertreter eines späthistoristischen Architekten vor Augen, der virtuos mit dem Formenschatz vergangener Epochen arbeitete. Zu seinen Bauten gehören u.a. das Rathaus und die Rekonstruktion der Burg Dankwarderode.

Historismus in Deutschland (ca.1840-1914)
Diese Epoche ist in der Architektur durch das Aufgreifen vergangener Baustile geprägt.
Nach der wissenschaftlichen Beschäftigung mit der Antike folgte schon zu Beginn des 19. Jahrhunderts ein *Interesse an mittelalterlicher Baukunst*. So entstanden erste *neogotische Gebäude*. In der klassizistischen Architektur wurden nach und nach Elemente der Renaissance wirksam (*Rundbogenstil*). In der weiteren Entwicklung des Historismus wurden die Romanik, die so genannte Deutsche Renaissance und das Barock aktuell.
Die meisten Brücken über die Oker-Umflutgräben wurden in der Zeit des Historismus und in den so genannten Gründerjahren (nach 1871) umgebaut oder ganz neu errichtet.

Steintorbrücke, Südansicht

Steintorbrücke

Die Lage der Steintorbrücke geht auf den Bau der Bastionärbefestigung und die damit verbundene Verlegung des Steintors im Jahr 1700 zurück. Sie führt die Ausfallstraße in Richtung Helmstedt über den östlichen Umflutgraben in die Innenstadt. Bis in das 17. Jahrhundert befand sich die Steintorbrücke im Bereich des heutigen Staatstheaters. Das Umfeld des Steintors gehört mit den Terrassencafés zu den schönsten Abschnitten des Wallrings.

Mit dem Entwurf für die heutige, 1914/15 entstandenen Steintorbrücke wurde die klassizistische Formensprache des Vorgängerbaus (Abb. S. 22) aufgenommen, ohne sie zu kopieren. Der Brückenbau fügte sich somit sehr gut in die von Peter Joseph Krahe geschaffene Torsituation ein. Diese ist mit den beiden **Torhäusern** noch heute gut ablesbar. Das zu Beginn des Ersten Weltkrieges errichtete Brückenbauwerk ist eine Stahlbeton-Bogenkonstruktion. Ihr Entwurf stammt von dem Ingenieur Gustav Menadier. Ein eleganter Korbbogen, ein flacher Bogen mit fließendem Übergang zu den Auflagern, überspannt den östlichen Umflutgraben. An den Ufern weiten sich die Widerlager jeweils viertelkreisförmig aus, wie dies bereits beim Vorgängerbau zu beobachten war (Abb. rechts unten). Brückenbogen und Widerlager schließen mit einem kräftigen Konsolgesims ab. Die zwischen steinernen Podesten eingefügten Eisengeländer zeigen wiederum Motive klassizistischer Gestaltung. Das auf einer **Entwurfszeichnung** dargestellte Toilettenhäus-

Steintorbrücke, *Südansicht (Entwurfszeichnung, 1914)*

Steintor *(um 1820)*
mit Torhäusern

Steintorbrücke *(Vorgängerbau, um 1900)*

Steintorbrücke *(Vorgängerbau)*
Sprengwerkkonstruktion vor dem Abbruch

chen an der Nordwestseite der Brücke wurde nicht ausgeführt. Stattdessen entstand hier eine in den Brückenkopf integrierte Bedürfnisanstalt, die bis 1979 in Betrieb war.

In den Jahren 1819-21 gestaltete Krahe im Zuge der Schaffung des Promenadenrings auch das Steintor völlig neu. Das seiner Zeit errichtete, klassizistische Brückenbauwerk ist durch historische Fotografien gut dokumentiert (Abb. links). Der äußerlich verkleidete Brückenbogen zeigte eine mächtige, hölzerne **Sprengwerkkonstruktion**. Mit der Verkleidung der Stirnseiten durch Holzbohlen entstand der Eindruck eines gediegenen Steinbaus aus kräftigen Quadern. Bemerkenswert war der angedeutete, wuchtige Schlussstein. Die schönen Gusseisengeländer stammten aus der Hütte in Rübeland/Harz.

Während der langwierigen Anlage der barocken Bastionärbefestigung wurde 1700 das Steintor nach Süden verlegt. Gleichzeitig kam es zur Schließung des Magnitors. Der Torweg zum Steintor musste mit zwei Holzbrücken über eine dem Stadttor vorgelagerte Bastionsinsel (Ravelin) geführt werden (Abb. rechts). Für die äußere Ravelinbrücke ist eine Bauzeit für 1706/07 überliefert. Weitere Baumaßnahmen erfolgten 1719 sowie 1734 ein völliger Neubau beider Brückenteile. Im Siebenjährigen Krieg (1756-63) wurde die Brücke während der Belagerung durch französische Truppen (1761) teiweise abgebrochen. 1768 erfolgte der Wiederaufbau. Die stets reparaturanfälligen Bastionsbrücken waren mit Schlagbäumen und Zugbrücken gesichert und wurden streng bewacht.

Peter Joseph Krahe (1758-1840)
Krahe wurde in Mannheim als Sohn des Historienmalers Lambert Krahe geboren. Er studierte ebenfalls Malerei, sein Interesse wechselte jedoch nach einem Rom-Aufenthalt 1782 zur Architektur.
Die erste Tätigkeit als Baumeister erfolgte als Baudirektor des Bistums Trier in Koblenz. Dort entwarf er u.a. einen Theaterbau. Nach der Besetzung durch französische Truppen verließ Krahe Koblenz und gelangte über Hannover nach Braunschweig.
Hier wurde er 1803 zum Kammer- und Klosterrat ernannt. Ihm unterlag das gesamte Bauwesen im Herzogtum Braunschweig. Seine genialen Bauten und Projekte führten in Braunschweig zu einer nachhaltigen Blüte in der Baukunst. Leider konnten einige seiner Entwürfe nicht ausgeführt werden.

Steintorbrücke *(1723)*

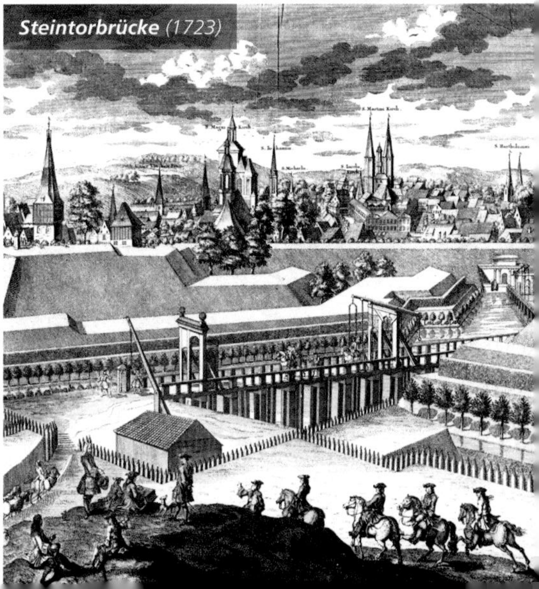

Leonhardbrücke, Südansicht

Leonhardbrücke

Die Leonhardbrücke wurde im Zuge der Stadterweiterung im Osten des Oker-Umflutgrabens und dem damit verbundenen Ausbau der Leonhardstraße zur Ausfallstraße vom ehemaligen Magnitor in Richtung Helmstedter Straße errichtet. Damit entstand vor dem im frühen 18. Jahrhundert geschlossenen Magnitor wieder ein Stadteingang.

Das historistische Brückenbauwerk wurde 1885 nach Entwurf des Ingenieurs Gustav Menadier (Leiter des Tiefbauamts) erbaut. Es handelt sich um eine steinerne Bogenbrücke, deren Architekturformen der Neorenaissance zuzuordnen sind. Während die Widerlager, der Brückenbogen und die flankierenden Wandpfeiler aus Quadermauerwerk mit kräftigen Bossen bestehen, sind die Zwickelflächen mit glatten Quadern verkleidet. Sie waren ursprünglich verputzt und mit scheinbaren Fugen versehen (Abb. rechts oben). Das Abschlussgesims und das ursprüngliche Geländer mit seinen zierlichen Arkadenreihen bestanden aus Werkstein. Bögen und Wandpfeiler zeigen ein kräftiges Bossen-Quaderwerk, in den Schlusssteinen der Bögen befinden sich Reliefs mit dem Braunschweiger Stadtwappen. Über den zugespitzten Wandpfeilern waren über Postamenten gusseiserne Laternen aufgestellt.

Mit einer 1956 erfolgten Verbreiterung durch auskragende Betonstege (Gehwege) ging der ganzheitliche Charakter der Brücke verloren. Das Steingeländer musste abgetragen werden.

Leonhardbrücke, *Südansicht (1885)*

Leonhardbrücke, *Baustellenfoto (1885)*

*Brücke **Kurt-Schumacher-Straße**, Nordansicht*

Ottmerbrücke (Kurt-Schumacher-Straße)

Die ehemalige Ottmerbrücke stellte eine Fußgängerverbindung über den östlichen Umflutgraben her. Sie führte vom Löwenwall zur Ottmerstraße. Nach ihrem 1959 erfolgten Abbruch wurde an ihrer Stelle die breite Überführung der Kurt-Schumacher-Straße angelegt.

Mit dem Abbruch der Ottmerbrücke, deren Entwurf nicht von dem seiner Zeit längst verstorbenen Baumeister Carl Theodor Ottmer stammte, verschwand eine der bemerkenswertesten Brücken aus dem Stadtbild. Sie wurde 1884/85 nach Plänen des Professors E. Häseler (Technische Hochschule Braunschweig) errichtet. Voran ging diesem Brückenbau eine 1876 gebaute Holzbrücke, die für den Schülerverkehr der damals neu errichteten Bürgerschule konzipiert war. 1882 erwog man an dieser Stelle den Bau einer Straßenbrücke und nahm damit die Planungen der Zeit nach dem Zweiten Weltkrieg vorweg.

Die Fußgängerbrücke war als eiserne Dreigelenk-Bogenbrücke mit zwei Pfeilern an den Flussufern ausgebildet. Für die sichelförmigen Bögen und die waagrechten Brückenträger (Oberbau) war eine Eisenfachwerk-Konstruktion gewählt worden. Die Lasten des Oberbaus wurden über Stäbe auf die Bogenträger abgeleitet, die an den Fußpunkten der Pfeiler auflagen und am Scheitelpunkt gelenkig miteinander verbunden waren. Mit der Fertigung der Träger war die Braunschweiger Firma Wilke beauftragt. Nach dem Abbruch der Brücke sind einige Brückenträger in den Kulissengebäuden des Staatstheaters eingelagert worden.

Ottmerbrücke
(Entwurfszeichnung, 1884)

Ottmerbrücke *(um 1900)*

Brücke **John-F.-Kennedyplatz**, Ostansicht

Augusttorbrücke (John-F.-Kennedyplatz)

Die Augusttorbrücke verbindet die Hauptausfallstraße nach Süden, in Richtung Wolfenbüttel, Goslar und in den Harz (Wolfenbütteler Straße), mit dem Stadtkern. Vor dem Neubau des Augusttores im Jahr 1730 war der südliche Stadteingang nach dem ehemaligen Benediktinerkloster St. Aegidien benannt (Aegidientor). Das Tor führte in das ehemalige Weichbild Altewiek.

Mit der umfassenden, verkehrsgerechten Neugestaltung der städtebaulichen Situation am ehemaligen Augusttor entstand 1958 auch eine neue Straßenbrücke. Die schlichte Beton-Trägerbrücke leitet mehrere Fahrspuren und den eigenständigen Gleiskörper der Stadtbahn über den östlichen Umflutgraben. Sie ist daher entsprechend breit angelegt.

Für den Brückenneubau der 1950er Jahre musste die gesamte klassizistische Torsituation mit Brücke und Torhäusern weichen. Sie hatte den Zweiten Weltkrieg überstanden und galt in ihrer ursprünglichen Gesamtform (Abb. S. 31) als die schönste Toranlage innerhalb des von Krahe konzipierten Promenadenrings. Der Bau der Brücke und der Torhäuser erfolgte bereits 1806, damit entstand die erste Neuanlage eines Stadteingangs nach der Entfestigung der Stadt.

Die nach Entwurf Krahes errichtete, steinerne Bogenbrücke war am südlichen Brückenkopf über breite Böschungsmauern baulich mit den beiden kubischen Torhäusern verknüpft. Torhäuser, Geländer und Torpfeiler rahmten einen Torplatz, während die über die Brücke führende Straßenachse genau auf das klassizistische Palais Riedesel (Dannes Hotel) am August-

Augusttorbrücke *(1955)*

Augusttorbrücke*, Querschnitt mit Torhäusern (1813)*

Augusttor, *Blick von Süden auf den Stadteingang mit Torhäusern (um 1925)*

platz zielte (s. Abb. oben). Von dem halbkreisförmigen Platz an der Stadtseite der Brücke gingen zwei weitere Alleen ab, die auf den Löwenwall bzw. den heutigen Lessingplatz führten (so genannter Dreistrahl, s. Abb. rechts). Ein berühmtes Vorbild für diese Lösung war der Piazza del Popolo in Rom. Die Augusttorbrücke war neben der Brücke Am Neuen Petritor (s. S. 50) der einzige, ganz in Stein errichtete Brückenbau am klassizistischen Wallring.

Wegen des steigenden Verkehrsaufkommens im Zuge der Industrialisierung und Stadterweiterung musste die Brücke 1888/89 verbreitert werden. Dafür fand man die geschickte Lösung, den Brückenbogen auf beiden Seiten mit eisernen Bogenkonstruktionen zu ergänzen (Abb. S. 29). Für die Auflager der Eisenbögen konnten die Böschungsmauern an den Flussufern benutzt werden.

Die barocke Festungsbrücke bestand aus zwei Teilen und führte über eine dem Stadttor vorgelagerte Bastionsinsel (Ravelin). Mit dem Neubau des Tores unter Herzog August Wilhelm (1730) waren auch Reparaturen an den derzeitigen Holzbrücken verbunden. Ein völliger Neubau erfolgte 1758/59. Schon wenig später musste man 1761 einen Teil der Brücke zum Schutz vor einer Belagerung (Siebenjähriger Krieg, 1756-63) abbrechen. Das Brückenbauwerk entsprach denjenigen an den anderen Stadttoren (vgl. Abb. S. 23).

Die Geschichte der Augusttor- bzw. Aegidienbrücke reicht bis in das späte Mittelalter zurück, als die Stadt von einem zweiten Graben gesichert wurde. Nachrichten über Baumaßnahmen an den damaligen Holzbrücken sind für 1635/40 und 1673 überliefert.

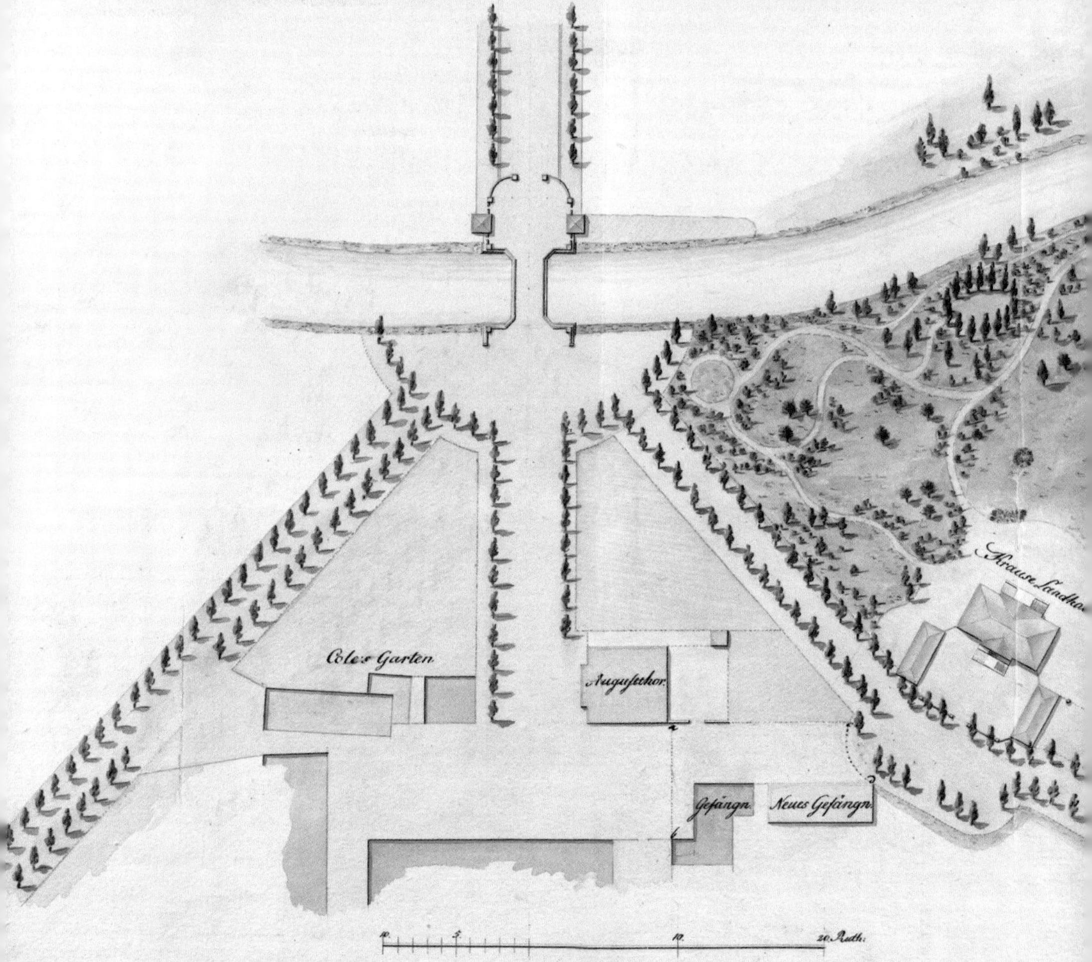

***Augusttor** (1820, Norden ist unten)*

Östliche Bahnhofsbrücke, *Ostansicht*

Bahnhofsbrücken

Der **Alte Hauptbahnhof** musste mit Brücken über den westlichen Umflutgraben an die Stadt angebunden werden. Die beiden auf das Jahr 1866 zurückgehenden Bahnhofsbrücken schaffen heute eine Fußgängerverbindung vom Kalenwall zum ehemaligen Hauptbahnhof (1960 geschlossen, heute Braunschweigische Landessparkasse). Eine weitere, nicht mehr vorhandene Brücke überquerte den Umflutgraben an der Westseite der Bahnhofshalle und führte geradewegs auf die Säulenrotunde an der Längsfront.

Der erste Bahnhof wurde 1838 eröffnet und befand sich an gleicher Stelle des späteren Alten Hauptbahnhofs. Im Zusammenhang mit dem ersten, neugotischen Bahnhofsgebäude von 1838 entwarf dessen Baumeister, **Carl Theodor Ottmer**, auch Brücken in gotischer Formensprache. Sie wurden nicht ausgeführt, stattdessen entstanden die frühesten Bahnhofsbrücken als Holzbauten.

Nachdem 1843-45 das repräsentative, klassizistische Bahnhofsgebäude erbaut worden war, wurden die Holzbrücken erst 1866 durch eiserne Bogenbrücken ersetzt. Die beiden in wesentlichen Teilen erhaltenen Brücken führen auf die Flankenseiten des ehemaligen Bahnhofs, da der Reiseverkehr über die Längsseiten des Bahnhofs abgewickelt wurde. Vor dem torartigen Mittelbau des stadtseitigen Kopfbaus entstand kein Übergang. Die sehr flach geschwungenen Brückenbögen zeigen ein enges Gitterwerk mit Eisenbändern. An den Kreuzungspunkten der Hauptverstrebungen befinden sich blütenartige Zierelemente.

Alter Hauptbahnhof
Nordwestansicht (um 1880)

Bahnhofsbrücke *(Entwurf von Ottmer, 1838)*

Gieselerbrücken, Ostansicht

Gieselerbrücken

Die Brücken am Gieseler binden die Hauptausfallstraßen nach Südwesten, in Richtung Salzgitter, Göttingen und Frankfurt/Main (Theodor-Heuss-Straße, Autobahnen), an die Stadtmitte an. Ihre Ursprünge liegen in der Errichtung des (alten) Bahnhofs ab 1838 und der damit verbundenen Ansiedlung von Fabriken im Süden der Innenstadt.

Heute befinden sich am südwestlichen Zugang zum Stadtkern drei moderne Betonbrücken. Sie entstanden 1977/78 in Zusammenhang mit der verkehrsgerechten Umgestaltung des gesamten Quartiers (Europaplatz). Hier wurden die aus allen Richtungen kommenden Autostraßen und Straßenbahnlinien zusammengeführt. Die mittlere Gieselerbrücke dient dem Stadtbahnverkehr. Der Europaplatz zeigt einen weiteren Eingriff in den Wallringbereich.

Der Vorgängerbau (Abb. rechts) zeigte sich als steinerne Doppelbogenbrücke. Sie war 1850/51 als „Brücke zum Güterbahnhof" entstanden und diente anfangs nicht dem Durchgangsverkehr. Dieser verlief über den Gieselerwall und die Wilhelmitorbrücke. Die alte Gieselerbrücke war nachträglich durch eine Konstruktion mit Eisenträgern verbreitert worden.

Die Brücke über den inneren Okergraben, eine von Krahe 1816 errichtete Steinbogenbrücke am Südende der Güldenstraße, wurde bereits in den 1930er Jahren zugunsten einer breiteren Betonbrücke beseitigt. Diese verschwand wiederum 1976 bei der Anlage des Verkehrsknotenpunkts.

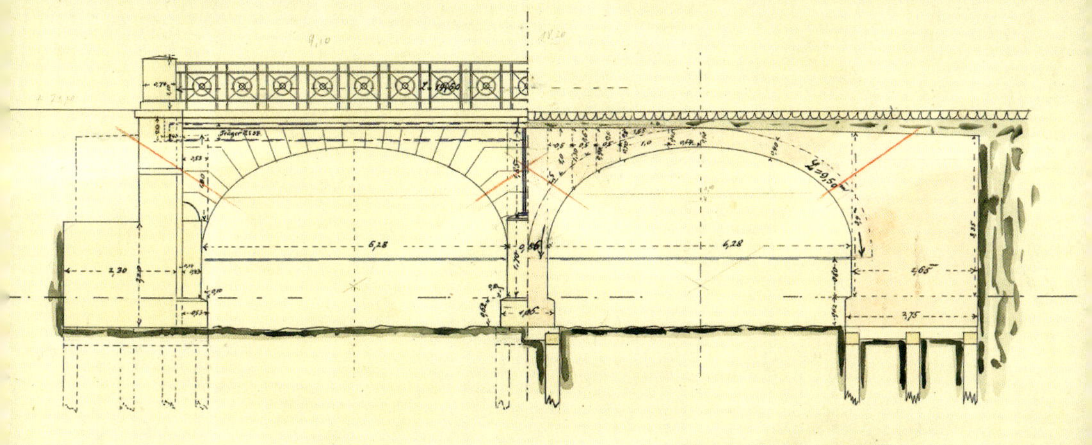

Gieselerbrücke *(Ansichtszeichnung von 1903)*

Gieselerbrücke *(1975, vor dem Abbruch)*

Wilhelmitorbrücke

Die Wilhelmitorbrücke geht auf die Anlage der Bastionärbefestigung und die Schließung des Michaelistors im Jahr 1719 zurück. Sie stellt die Verbindung der Wallringstraßen mit der alten Ausfallstraße nach Südwesten (Frankfurter Straße) und der Luisenstraße her.

Das heutige Brückenbauwerk entstand 1980 als funktionale Betonkonstruktion mit Mittelpfeiler. Dem Neubau ging der Abbruch einer steinernen Doppelbogenbrücke voraus. Diese Brücke war 1849 von dem Stadtbaumeister Köllsch geplant und in den darauffolgenden Jahren errichtet worden (Abb. rechts oben). Ihre beiden korbbogigen Durchlässe waren aus Ducksteinmauerwerk. 1951 verbreiterte man die Brücke mit beidseitigen Stahlbetonkonstruktionen.

Während der Schaffung des Promenadenrings ließ Krahe 1816/17 auch die Wilhelmitorbrücke neu erbauen. Sie entstand wieder in engem Zusammenhang mit der Toranlage und den symmetrisch zugeordneten Torhäusern (Abb. rechts unten). Auch diese Brücke zeigte einen Mittelpfeiler, während die Bögen als Holzkonstruktionen angelegt waren.

Als erste Wilhelmitorbrücke kann eine 1716/17 errichtete, zweiteilige Festungsbrücke nachgewiesen werden. Diese wich bereits 1735/36 einem gleichartigen Neubau. Auch die Wilhelmitorbrücke musste 1761 wegen der Belagerung im Siebenjährigen Krieg (1756-63) teilweise beseitigt und anschließend erneuert werden. Die Festungsbrücke glich denjenigen an den übrigen Haupttoren (vgl. Wenden- oder Hohetorbrücke).

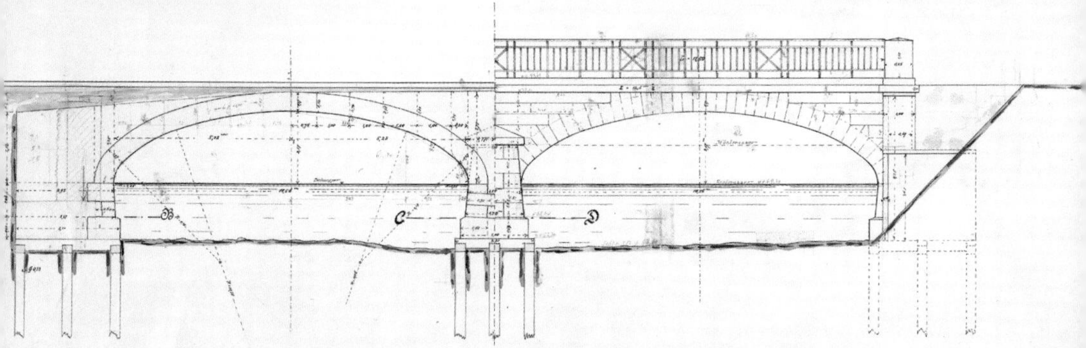

***Wilhelmitorbrücke** (Ansichtszeichnung von 1903)*

***Wilhelmitorbrücke** und Torhäuser (um 1925)*

***Ferdinandbrücke**, Südansicht*

Ferdinandbrücke

Die Ferdinandbrücke verbindet den Südwesten der Innenstadt über das alte Michaelistor und den Wilhelmitorwall mit dem Stadtquartier Sophien-, Julius-, Camman- und Frankfurterstraße. Sie entstand 1900/01 in Folge der Stadterweiterung sowie Ansiedlung von Industriebetrieben im Südwesten der Innenstadt.

Dem Bau der Brücke ging eine langwierige Planung voraus. Anwohner, Unternehmer und Fabrikarbeiter in den Erweiterungsgebieten verlangten den Brückenbau, um eine direkte Anbindung an den Stadtkern zu erhalten. Daher entstand 1888 vorerst eine hölzerne Fußgängerbrücke. Die schließlich, 1900/01, errichtete Straßenbrücke wurde nach einem Entwurf von Stadtbaurat Ludwig Winter ausgeführt.

Auf Grund der niedrigen Uferhöhen erschien eine Brückenkonstruktion nach dem System des Ingenieurs Max Möller sinnvoll (vgl. Fallerslebertorbrücke). Die „Möller-Brücken" besitzen nach unten ausgebauchte Hänge- oder Fischbauchträger. Die Form entsteht durch bogenförmige Stahlbänder, die in den Widerlagern verankert sind. Den Oberbau tragen Auflagen aus Beton. Durch diese Konstruktionsweise und einen Zwischenpfeiler konnte eine genügende Bauhöhe über dem Wasserspiegel erzielt werden.

Eine Dekoration in den Formen des Jugendstil, welche auf die Konstruktion abgestimmt ist, lässt die Brücke besonders elegant erscheinen. Die Träger der Stirnseiten veranschaulichen mit ihren angedeuteten Bändern das Tragverhalten. An den Pfeilern ist in Kartuschen die Jahreszahl „1900" angebracht.

Ferdinandbrücke
(Ansichten und Schnitte, 1900)

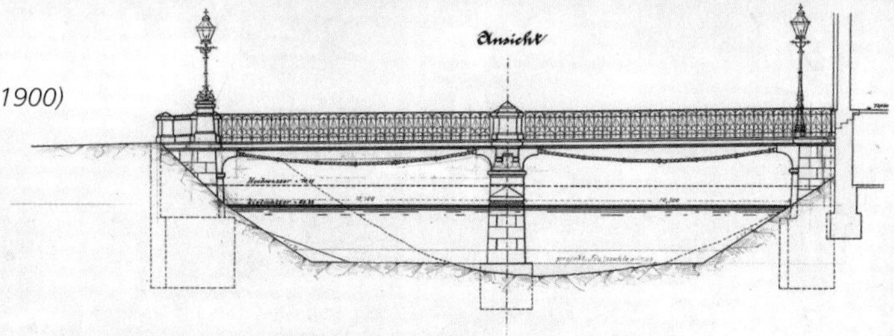

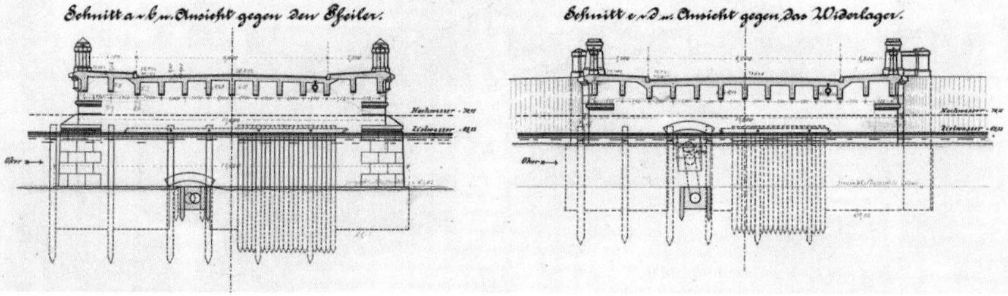

***Ferdinandbrücke** im Bau, Winter 1900/01*

***Hohetorbrücke**, Südansicht*

Hohetorbrücke

Die Hohetorbrücke führt über den westlichen Umflutgraben und verbindet die Innenstadt über die Sonnenstraße und den Promenadenring mit dem Madamenweg im westlichen Ringgebiet. Das Hohetor gehörte im Mittelalter zu den wichtigsten Stadttoren. Es leitete einen bedeutenden Handelsweg von Westen direkt in das Zentrum des Weichbildes Altstadt, auf den Altstadtmarkt.

Mit der heutigen Hohetorbrücke ist das älteste Brückenbauwerk an einem der ehemaligen Haupttore erhalten. Sie wurde als Doppelbogenbrücke nach Entwurf von Kreisbaumeister Carl Heinrich Götter 1860 errichtet. Dabei konnten Teile der massiven Widerlager und des Mittelpfeilers von einem Vorgängerbau beibehalten werden. Die Brückenbögen bestehen aus eisernen Fachwerkträgern, die jeweils in einem Stück als Gussteile gefertigt wurden. Den Guss führte die Braunschweiger Firma Seele aus.

1890/91 wurde die Hohetorbrücke mit einer auskragenden Eisenkonstruktion verbreitert. Zu Beginn der 1950er Jahre erwog man den Abbruch und Neubau dieses Okerübergangs. Nach wiederholten Reparaturen kam es 2003 zu einer grundlegenden Sanierung und erneuten Verbreiterung der nun denkmalgeschützten Brücke. Auf beiden Seiten entstanden Kragkonstruktionen mit bogenförmigen Eisenfachwerkträgern. Sie tragen die Fußwege und fügen sich in den ursprünglichen Charakter des Bauwerks ein.

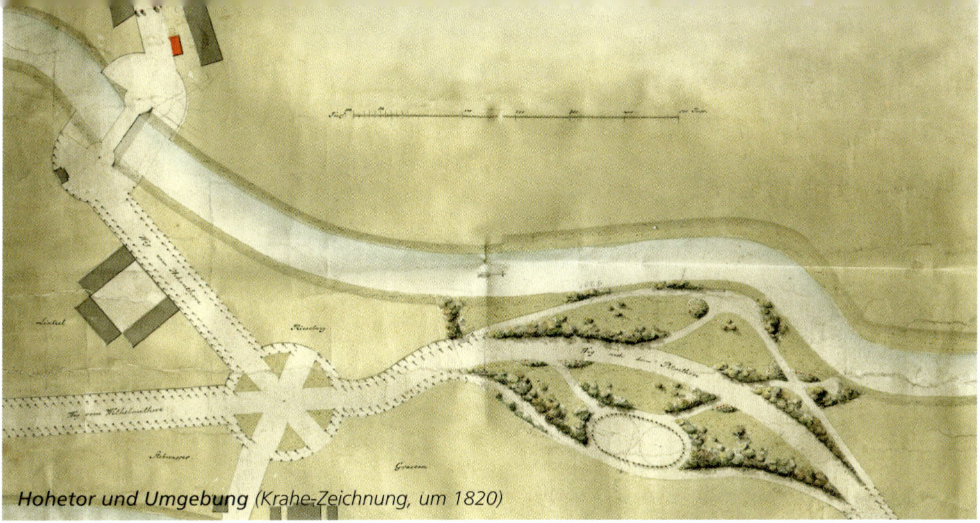

Hohetor und Umgebung *(Krahe-Zeichnung, um 1820)*

Während der Errichtung des Promenadenrings gestaltete Krahe am Hohetor eine differenzierte Abfolge von Freiräumen und Alleen (Abb. oben). Für den Flussübergang der nach Süden verschwenkten Torstraße ließ der Baumeister 1820/21 eine neue Brücke erbauen. Ihr Erscheinungsbild als Doppelbogenbrücke ist in dem heute erhaltenen Bauwerk noch überliefert, zumal Teile der steinernen Widerlager und des Pfeilers erhalten blieben. Der von Krahe entworfene Brückenbau zeigte aus Holz konstruierte Bögen, die an den Stirnseiten verkleidet waren (vgl. Fallerslebertor- und Steintorbrücke). Das gusseiserne Geländer wurde von der Gießhütte in Rübeland geliefert. An den Uferseiten der Brücke waren jeweils halbkreisförmige Plätze angelegt, in welche die Tor- bzw. Ausfallstraße schiefwinklig einmündeten.

Für den barocken Festungsbrückenbau sind aus dem Jahr 1737 sowohl archivalische Belege in Form einer Kostenaufstellung als auch ein eindrucksvoller Bauplan erhalten (Abb. S. 42/43). Die Nennung des Baumeisters, Bonifacius Christoph Hacker, in der Kostenaufstellung stimmt mit dem Namenszug auf der Zeichnung überein. Es handelt sich um den Entwurf für die innere Torbrücke. Die äußere Ravelinbrücke entstand erst 1743. Diese hölzernen Festungsbrücken ersetzten vorhandene Grabenübergänge, deren Bauzeiten nicht überliefert sind.

Die Existenz einer mittelalterlichen Grabenbrücke aus Holz ist für das Jahr 1385 belegt. Seiner Zeit wurde die Stadtbefestigung durch Anlage eines zweiten, äußeren Grabens verstärkt.

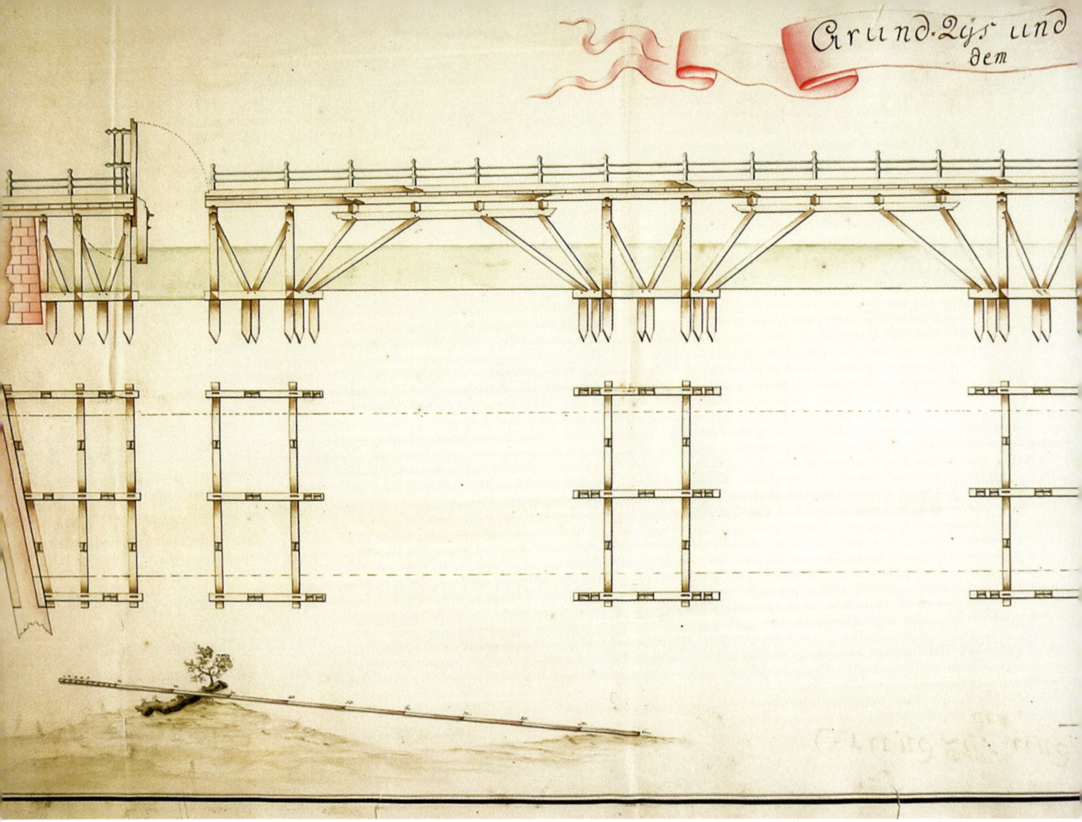
Grund-Ryß und
dem

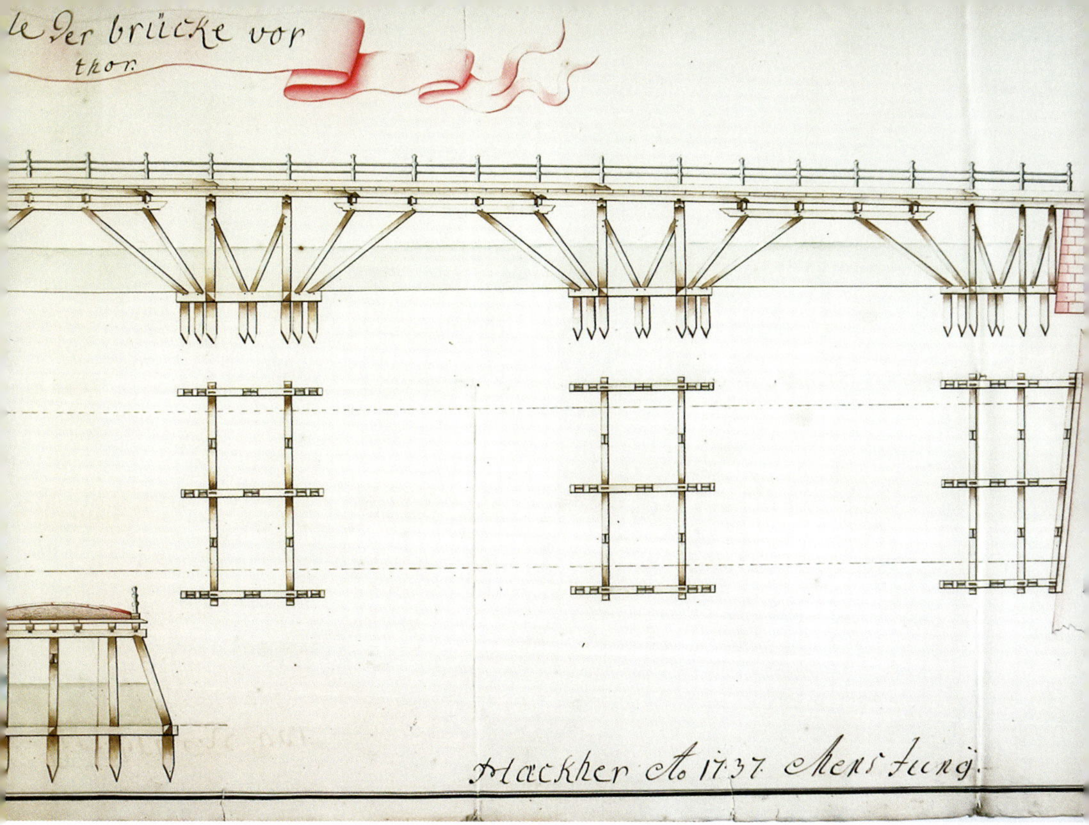

Hohetorbrücke *(innere Festungsbrücke), Entwurfszeichnung von Bonifacius Christoph Hacker, 1737.*
Diese außerordentlich schöne Bauzeichnung zeigt den Grundriss, die Ansicht und einen Querrschnitt durch die Holzkonstruktion der Brücke.
Dargestellt sind auch die Pfahlgründungen am Grabenboden. Das Tragwerk besteht aus Bockkonstruktionen mit dazwischen aufgespannten Sprengwerken.
Unmittelbar vor dem Tor ist eine Zugbrücke angelegt.

Prinzenwegbrücke, Südansicht

Michaelistor (Zeichnung A. A. Beck, 1753)

Prinzenwegbrücke

Die Brücke am Prinzenweg hatte bis zur 1719 erfolgten Schließung des Michaelistores die Funktion als innere Grabenbrücke dieses mittelalterlichen Stadteingangs. Heute dient sie als Fußgängerverbindung in das westliche Ringgebiet.

Der heutige Grabenübergang ist eine moderne Betonbrücke über Widerlagern und einem Zwischenpfeiler aus Naturstein. Widerlager und Pfeiler stammen vermutlich noch von einem Brückenbauwerk aus dem Jahr 1864, dessen Überbau aus Holz errichtet war. Ein Neubau der Holzkonstruktion erfolgte 1949.

Für die mittelalterliche Grabenbrücke gehen die Nachrichten bis in das Spätmittelalter zurück. Es handelte sich um eine steinerne Doppelbogenbrücke, die inschriftlich mit der Jahreszahl 1385 datiert war. Sie war dem mittelalterlichen Torturm unmittelbar vorgelagert. Eine weitere Datierung von 1435 deutet wohl auf eine Reparatur hin. 1654 wurde die Bogenbrücke unter Nutzung der vorhandenen Widerlager neu errichtet. Sie ist durch eine Zeichnung überliefert (Abb. oben). Zu einem unbekannten Zeitpunkt ersetzte man die Steinbögen durch eine Holzkonstruktion, bis sie 1864 ganz erneuert wurde.

Eine äußere Michaelistorbrücke, die ungefähr an Stelle der heutigen Ferdinandbrücke über den zweiten Graben führte, existierte bereits 1391. Mit der Schließung des Stadttores wurde diese im Laufe der Zeit immer wieder erneuerte Holzbrücke überflüssig und verfiel nach 1719 dem Abbruch.

Sidonienbrücke, Südansicht

Sidonienbrücke

Die Sidonienbrücke verbindet als Fußgängerbrücke den Hohetorwall mit der Sidonienstraße und den anschließenden Stadtgebieten im Westen der Stadtmitte. Zur Kernstadt besteht ein Fußweg vom Hohetorwall über die Echtern- zur Güldenstraße.

Im Zuge der Stadterweiterung und der Errichtung einer Bürgerschule an der Sidonienstraße entstand der Bedarf für eine neue Brücke über den westlichen Umflutgraben. So kam es 1877 zum Bau einer hölzernen Fußgängerbrücke in der Achse der Sidonienstraße. Am Ostufer stößt der Überweg im Bereich des Wallrings auf eine kleine Parkanlage.

Um die Jahrhundertwende (1900) war der Ersatz durch eine vollwertige Straßenbrücke in der Diskussion. Die Pläne zerschlugen sich, auch um den Charakter der Wallpromenade hier nicht zu schädigen. Stattdessen ließ die Stadt 1905 einen breiteren Fußgängerüberweg als Holzbrücke mit „Monierplattenbelag" (Eisenbetonplatten) errichten. Die Brücke erhielt ein schönes Jugendstilgeländer, das in der Braunschweiger Kunstschlosserei Heinrich Bartels gefertigt wurde.

1950 wurde die Gesamtkonstruktion überholt und der Überweg mit Stahlträgern verstärkt. Weitere Reparaturen der empfindlichen Holzpfeiler erfolgten bis in die jüngste Zeit.

Petritorbrücke

Die Petritorbrücke führt über den östlichen Umflutgraben und verbindet die Hauptausfallstraße nach Nordwesten, in Richtung Hildesheim, Hannover und Celle (Celler Straße), mit der Innenstadt. Sie geht auf die Anlage eines der alten Stadttore des Weichbildes Altstadt zurück. Das Petritor fand erstmals 1196 schriftliche Erwähnung und war einer der wichtigsten Zugänge in die mittelalterliche Stadt.. In der Zeit seit 1877 erlebte die Petritorbrücke drei vollständige Neubauten.

Die heutige Petritorbrücke ist eine der modernsten im Verlauf des Wallrings. In einem 2000 ausgelobten Architekturwettbewerb wurde der Entwurf von Prof. Schulitz und Partner (Braunschweig) für die Realisierung ausgewählt. Der Brückenbau erfolgte 2002/03. Leitbild für das Konzept war eine leichte, elegante Konstruktion aus Stahl. Dabei wurden die Fahrspuren und die beidseitigen Fuß- und Radwege voneinander getrennt errichtet. Die in einer Verbundbauweise aus Stahlträgern und Beton ausgeführten Brückenträger werden am Westufer an der Unterseite von Stützen und Streben getragen. Am Ostufer übernehmen hier die hoch aufragenden Stützen der Fuß- und Radwegübergänge beidseitige Abhängungen. Sie fungieren gleichzeitig als Lichtmasten, die den Eingang in die Innenstadt markieren.

Dem Neubau musste eine Betonbogenbrücke aus der so genannten Zwischenkriegszeit weichen (Abb. rechts oben). Dieses interessante Brückenbauwerk war 1928/29 nach Plänen des damaligen Stadtbau-

Petritorbrücke *(Entwurfszeichnung August Lillig, 1928)*

Petritorbrücke *(Grundriss- und Ansichtszeichnung, 1876)*

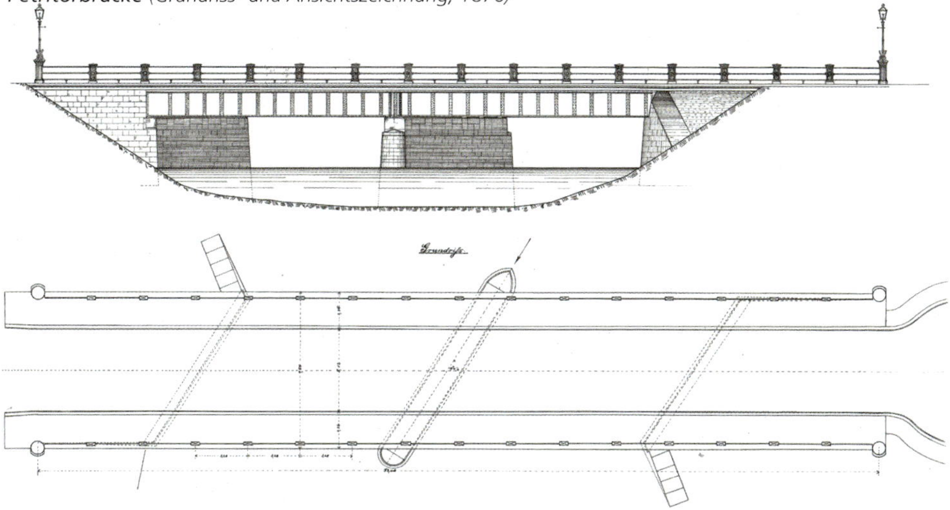

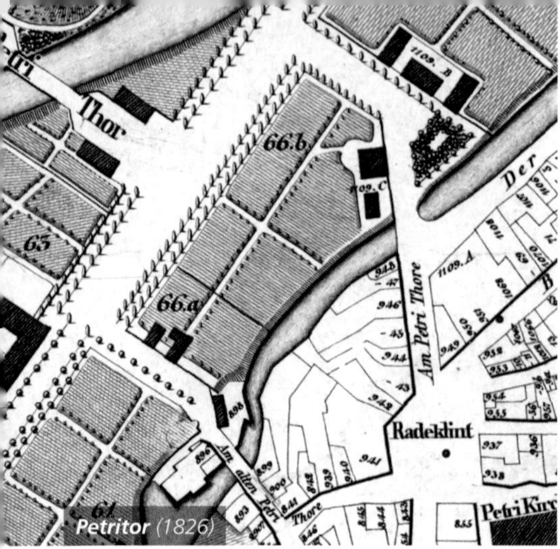

Petritor (1826)

rats August Lillig ausgeführt worden. Seine Betonkonstruktion bestand aus fünf parallel gegeneinander verschobenen Bogenelementen. Damit konnte man auf die schiefwinklige Flussüberquerung reagieren und den Bau in mehreren Abschnitten ausführen.

Der bis in die 1920er Jahre bestehende Okerübergang am Petritor ging auf die Zeit kurz nach der Reichsgründung von 1871 zurück. Es handelte sich um eine 1877 errichtete Brücke aus hohen Eisenträgern, die über den Widerlagern und einem Mittelpfeiler auflagen (Abb. S. 47 unten). Ihr Entwurf stammte von Kreisbaumeister Lieff, während die Eisenkonstruktion von den Braunschweiger Wilke-Werken geliefert wurde. An den Brückenköpfen konnten die Widerlager des Vorgängerbaus aus dem frühen 19. Jahrhundert genutzt werden. Die Brücke galt schon in den Jahren um 1900 als dem Verkehr nicht mehr gewachsen, zumal hier auch eine Straßenbahnlinie verlief. Sie konnte aber in Folge des Ersten Weltkrieges erst in den späten 1920er Jahren ersetzt werden.

Während der Gestaltung der Befestigungsanlagen zum Promenadenring war die Petritorbrücke das einzige Brückenbauwerk, das während der Napoleonischen Epoche (Königreich Westphalen) 1810/11 errichtet wurde. Dieser Okerübergang besaß zwei Flusspfeiler, wobei Pfeiler und Brückenbögen als Holzkonstruktionen ausgeführt waren (Abb. rechts unten). Der Bau war daher entsprechend reparaturanfällig. Gemeinsam mit der Brücke schuf Krahe wieder eine geniale Torsituation. Da ein geradliniger Durchbruch zum Radeklint (noch) nicht möglich war, entstand vor dem Tor ein breiter, querrechteckiger Freiraum. Dieser verknüpfte den alten und den neuen Zugang in die Stadt (Altes und Neues Petritor) symmetrisch miteinander (Abb. links).

Nach der Verlegung des Petritors während der Bastionierung Braunschweigs entstand 1719-21 eine entsprechende Festungsbrücke aus Holz (vgl. Stein- oder Hohetorbrücke). Auch sie wurde während einer Belagerung im Siebenjährigen Krieg (1761) teilweise abgetragen.

Für die Grabenbrücke der Renaissancezeit liegen Nachrichten von 1566 (Beschädigung durch Hochwasser) und 1568 (Neubau des Außentores) vor. Aus den Jahren 1635/40 sind Baunachrichten erhalten. Der Ursprung der Petritorbrücke liegt in der Schaffung eines äußeren Befestigungsgrabens im Spätmittelalter.

Petritor, *Westansicht (um 1820)*

Petritorbrücke, *Ansicht (1837)*

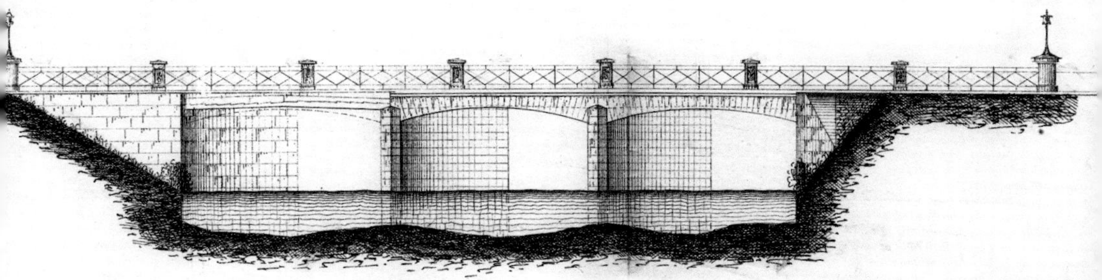

Brücke Am Neuen Petritor, Ostansicht

Brücke Am Neuen Petritor

Die Brücke am Neuen Petritor hat ihren Ursprung in der 1698 erfolgten Verlegung des Petritors. Sie führt über den Neustadtmühlengraben und verbindet die Innenstadt (Radeklint) mit dem Petritorwall und der Petritorbrücke. In Folge der langwierigen Errichtung der barocken Bastionärbefestigung war das Petritor in nördliche Richtung verlegt worden und nun als das „Neue Petritor" bezeichnet.

Eine in der Barockzeit entstandene, massive Bogenbrücke wurde 1819 als baufällig beurteilt. Krahe schuf den Entwurf zu einem Neubau. Im Gegensatz zu den übrigen Brückenbauten Krahes ist für die Brücke Am Neuen Petritor ein vollständiger Plansatz erhalten und befindet sich im Städtischen Museum. Grundrisse, Ansichten und Schnitte sind in brillianten **Zeichnungen** dargestellt, die selbst den Rang von Kunstwerken beanspruchen können.

Der klassizistische Brückenbau ist weitgehend erhalten, durch den Ausbau des Radeklints (1961-63) als Verkehrsknotenpunkt jedoch an der Westseite verbaut. Der Graben ist bis zu der Straße Am Alten Petritore unterirdisch geführt. Die östliche Stirnseite der 1820/21 aus Quadermauerwerk errichteten Doppelbogenbrücke zeigt eine besonders signifikante Form. Sie ist halbkreisförmig nach innen eingeschwungen. Kräftige Gesimse markieren die Gewölbekämpfer und schließen die Stirnseite oben ab. Eindrucksvoll ist der geometrisch komplizierte Steinschnitt an den zweifach gekurvten Bogenkanten. Das klassizistische Eisengeländer ist ebenfalls erhalten.

Brücke Am Neuen Petritor *(Entwurfszeichnung von Krahe, 1819)*

Rosentalbrücke

Die Rosentalbrücke führt über den westlichen Umflutgraben und verbindet als Fußgängerbrücke den Inselwall mit der Straße Rosental. Ihr Ursprung geht auf eine Privatinitiative zurück.

1879 richtete der Bauverwalter Zahn ein Gesuch an die herzogliche Baudirektion zur Errichtung einer Fußgängerbrücke für die Mieter in seinem Haus am Westufer des Umflutgrabens auf eigene Kosten. Das Vorhaben wurde mit der Auflage genehmigt, den Flussquerschnitt nicht einzuengen und den Charakter der Wallanlage nicht zu stören. Realisiert wurde die Fußgängerbrücke schließlich im Jahr 1880 von einer Bauherrengemeinschaft mehrerer Anwohner.

Die von dem Baumeister Barth entworfene Hängebrücke gehört zu den schönsten Brücken Braunschweigs. Sie ist zugleich ein Denkmal der Ingenieurbaukunst des ausgehenden 19. Jahrhunderts. An den Grabenufern erheben sich massive Torpylone, die der Aufhängung der Hängegurte dienen. Sie bestehen aus gelben Backsteinen, wobei flache Schichten mit roten Ziegeln eingefügt sind. Über den Torbögen zeigen sich Blendarkaden und ein Gesimsabschluss. Die Zugkräfte der Hängegurte werden an den Landseiten von Eisenbändern aufgenommen. Zur Aussteifung der eleganten Hängekonstruktion dienen Diagonalstreben.

Das Brückenbauwerk zeigt anschaulich die im 19. Jahrhundert übliche Kombination moderner Konstruktionen mit historisierenden Formen.

***Rosentalbrücke**, Südwestansicht*

Rosentalbrücke *(Entwurfszeichnung von Barth, 1880)*

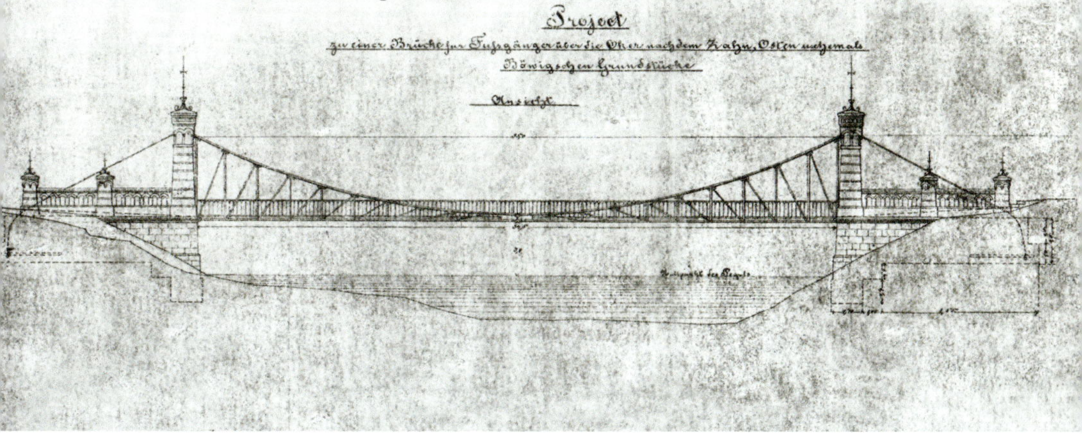

Petriwehrbrücke, Ostansicht

Petriwehrbrücke

Die beiden Umflutgräben werden kurz vor ihrem Zusammenfluss im Norden der Innenstadt durch Wehre reguliert (Petri- und Wendenwehr). Sie gehen ursprünglich auf die Anlage der Bastionärbefestigung in der Barockzeit zurück. Während der Umwandlung der Befestigungen zum Promenadenring wurden die Stauwehre in den 1820er Jahren, nach Plänen von Peter Joseph Krahe, neu errichtet. Die Wehrbrücke führt unmittelbar am Petriwehr über den westlichen Umflutgraben und verbindet als Fußgängerbrücke den Inselwall mit der Maschstraße.

Der Okerübergang am Wehr wurde 1888 als Eisenfachwerkbrücke errichtet. Für den Bau der Brücke konnten die massiven Mauern des Stauwehrs genutzt werden. Ihre steinernen Pfeiler fußten auf den Unterbauten der Wehranlage. Damit ergaben sich drei unterschiedliche Stützweiten für die Brückenträger. Die Brücke war als Fußgängerüberweg gedacht, sollte jedoch auch von der Feuerwehr nutzbar sein.

Der heutige Brückenbau zeigt mächtige Vollwand-Stahlträger, die über aufgemauerten Widerlagern und Pfeilern ruhen. Das Eisengeländer konnte von der historischen Wehrbrücke übernommen werden.

Neustadttor *(1606)*

Brücke Neustadtmühle *(Ostansicht, 1982)*

Brücke an der Neustadtmühle

Die Brücke an der Neustadtmühle geht auf die Gründung des Weichbildes Neustadt im 13. Jahrhundert zurück. Sie überquert den inneren Stadtgraben (Neustadtmühlengraben) am Standort des ehemaligen Neustadttors im Norden des Wollmarkts. Trotz mehrfacher Umbauten zeigt sie die älteste Bausubstanz einer Brücke innerhalb Braunschweigs. Vermutlich stammt die zweifache Bogenbrücke aus Bruchsteinmauerwerk aus der 2. Hälfte des 16. Jahrhunderts. Damals wurde die Toranlage umfassend erneuert und ein Vortor errichtet.

1693 kam es zur Schließung des Neustadttores. Damit wurde die hölzerne Brücke über den äußeren Graben überflüssig und in der Folgezeit abgebrochen. Die innere Grabenbrücke blieb erhalten, um aus der Stadt zu den Wällen und zur damaligen Neustadtmühle zu gelangen. Während des Neubaus der Neustadtmühle (1850) wurde das Bett des Mühlengrabens verengt und damit der nördliche Brückenbogen zugesetzt.

Nach der Schaffung der Okerstraße musste die Brücke verbreitert werden. An der Westseite ergänzte man die alte Bogenbrücke mit einer Konstruktion nach dem Möller-System (vgl. Fallerslebertor- und Ferdinandbrücke).

Während einer Brückensanierung wurden 1984 die Bruchsteingewölbe durch Betonbögen ersetzt. Das Erscheinungsbild der **Ostansicht** blieb jedoch erhalten.

Gaußbrücke, *Westansicht (1905)*

Gaußbrücke

Die Gaußbrücke verbindet den Inselwall und die Gaußstraße über die ab 1887 angelegte Bammelsburger Straße mit dem Stadterweiterungsgebiet im Nordwesten der Innenstadt. Ihren Namen erhielt sie nach dem berühmten Mathematiker Carl Friedrich Gauß (1777-1855), einem der berühmtesten Söhne Braunschweigs.

Erste Impulse für den Brückenbau gingen von privater Hand aus. So entstand 1891 vorerst eine hölzerne Fußgängerbrücke. Als 1893 ein Kanaldüker unter dem Okerbett errichtet wurde, ließen die städtischen Behörden gleichzeitig die Fundamente für eine bereits geplante, später zu erbauende Straßenbrücke anlegen.

Diese Brücke kam schließlich 1902 zur Ausführung. Sie wurde als flache Betonbogenbrücke ausgebildet, um (laut Stadtbaurat Winter) eine möglichst geringe Konstruktionshöhe zu erzielen sowie Baukosten zu sparen. Den Rohbau schuf die Firma Drenckhahn&Sudhop in Braunschweig.

Der Brückenbogen und obere Abschluss sind von flachen Wandstreifen betont. In den Zwickeln befinden sich Blütenreliefs in den Formen des Jugendstil. An den Brückenköpfen stehen geböschte Rustikapfeiler mit Postamenten für Laternen. Auf den Mittelpostamenten wurden die Verdienste von Carl Friedrich Gauß in der Landesvermessung und der Astronomie durch einen Erd- und einen Himmelsglobus gewürdigt (nicht erhalten, Abb. oben). Das eiserne Brückengeländer zeigt den Formenschatz des Jugendstils.

Gaußbrücke *(Entwurfszeichnung, 1902)*

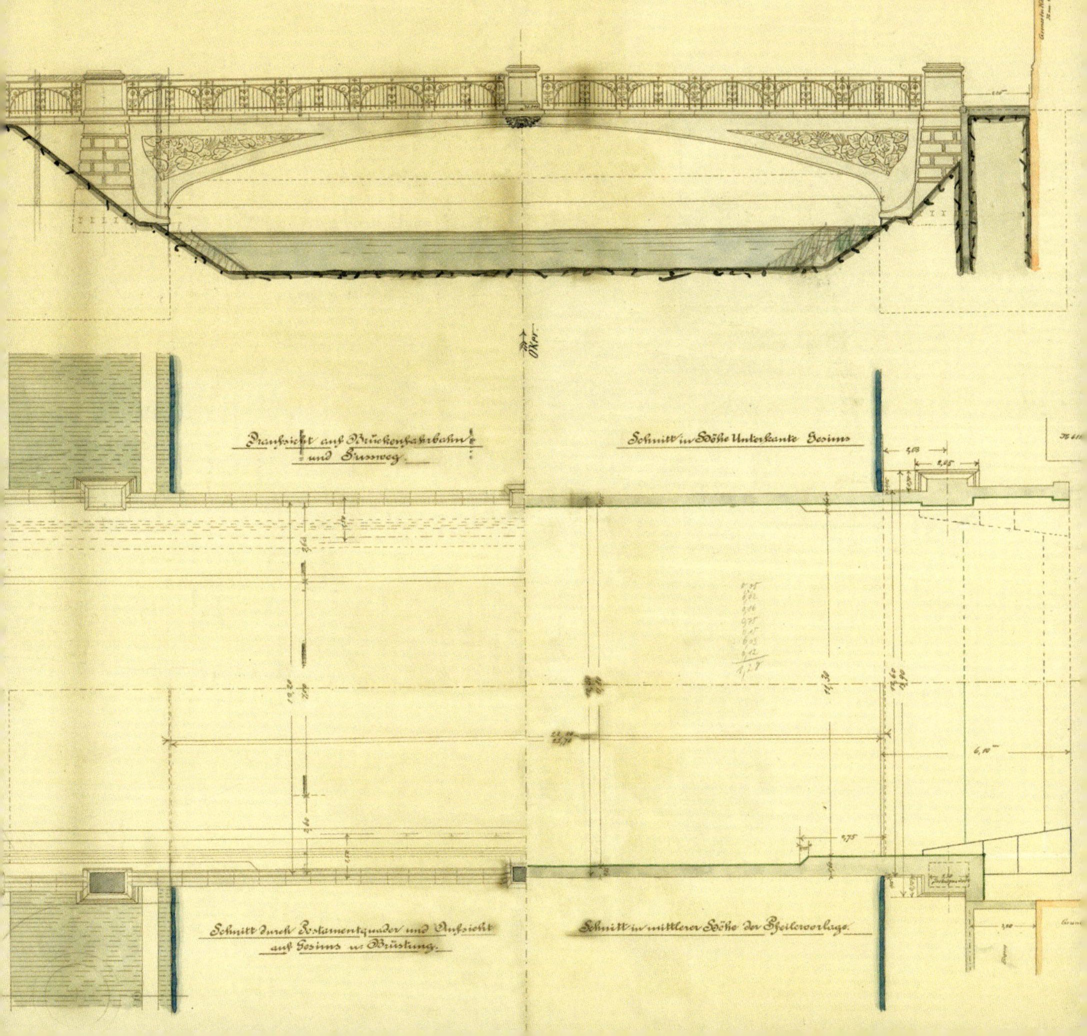

Wendenringbrücke, *Südansicht*

Wendenringbrücke

Die Wendenringbrücke entstand mit der Anlage der nördlichen Ringstraße. Ihre Planungen begannen 1877 und wurden neun Jahre später von Stadtbaurat Ludwig Winter vollendet. Im Zuge des Rings musste die Oker im Norden der Innenstadt überquert werden.

Auch die Wendenringbrücke wurde von Winter projektiert und schließlich 1889 als massive Bogen- bzw. Gewölbekonstruktion aus Natursteimauerwerk errichtet. Für die Überbrückung des seiner Zeit breiteren Okerbettes waren drei Bogenöffnungen erforderlich. Die Bögen ruhen über Pfeilern und Widerlagern, deren Stirnseiten ursprünglich gerundet waren. Über den Pfeilerstirnen erhoben sich entsprechende, rustizierte Wandpfeiler, welche die Brückenjoche gliederten (Abb. rechts oben). Die relativ flachen Brückenbögen sind durch kräftiges Quadermauerwerk betont. Das steinerne Geländer war von Postamenten unterteilt. Insgesamt ist dieser historistische Brückenbau von Stilformen der Neorenaissance gekennzeichnet. Eine **Entwurfszeichnung** (Abb. rechts unten) zeigt keine Wandvorlagen zwischen den Bögen sowie ein Eisengeländer.

Der vierspurige Ausbau der Ringstraße erforderte 1968 eine Verbreiterung der Brücke. Diese erfolgte mit auskragenden Stahlbetonkonstruktionen. Dabei wurden auch die Pfeiler und Wandvorlagen ummantelt. Das ursprüngliche Erscheinungsbild des stattlichen Brückenbauwerks ging verloren.

Wendenringbrücke, *Südansicht (1889)*

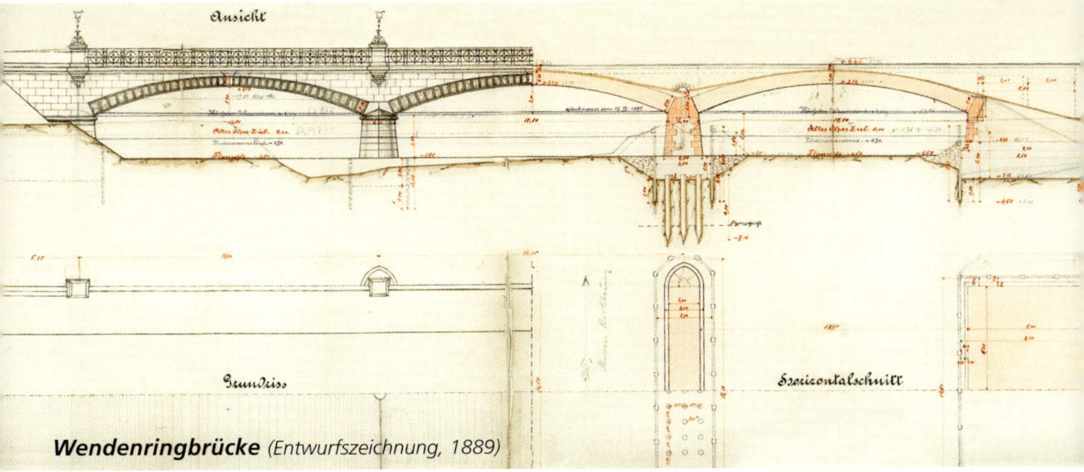

Wendenringbrücke *(Entwurfszeichnung, 1889)*

Literatur (Auswahl):
- Dehio - Handbuch der deutschen Kunstdenkmäler: Bremen/Niedersachsen, Berlin/München 1992
- Denkmaltopographie Bundesrepublik Deutschland: Baudenkmäler in Niedersachsen, Band 1.1, Stadt Braunschweig, Hameln 1993; Band 1.2, Stadt Braunschweig, Hameln 1996
- Reinhard Dorn: Peter Joseph Krahe, Band 1, Braunschweig 1969; Band 2, Braunschweig 1971; Band 3, München/Berlin 1999
- Ulrich Knufinke, Simon Paulus: Der Braunschweiger Wallring. Braunschweig 2011
- Gerd Spies: Braunschweig - Das Bild einer Stadt im 18. Jahrhundert, Braunschweig 1976

Bisher in dieser Reihe erschienen:
- Burgen und Schlösser - Landkreis Harz
- Corvey - Ehemalige Reichsabtei und Residenz
- Fachwerkarchitektur in Braunschweig
- Fachwerkarchitektur in Goslar
- Fachwerkarchitektur in Hildesheim
- Fachwerkarchitektur in Quedlinburg
- Hannover - Historische Bauten der Innenstadt
- Kirchen und Klöster - Braunschweiger Land
- Kirchen und Klöster - Landkreis Harz
- Klassizismus in Braunschweig
- Landesherrliche Schlösser - Fürstentum Braunschweig-Wolfenbüttel
- Mittelalterliche Bauten in Goslar
- Mittelalterliche Kirchen in Braunschweig
- Mittelalterliche Kirchen in Magdeburg
- Schloss Hessen - Fürstlich Braunschweigische Residenz der Renaissance
- Stadtbild im Wandel - Braunschweig
- Stadtbild im Wandel - Hildesheim
- Wörlitz - Architektur im Gartenreich

Bildnachweis:
S. 5: Heiner Leiska, Hamburg
S. 7: Stadtarchiv Braunschweig (StABS), H XI 6 9
S. 9 u. S. 11 (unten): StABS, H XVI A 3 1 Wendentor
S. 10: StABS, H XI 6 9 (oben); Niedersächsisches Staatsarchiv Wolfenbüttel (NStAW), K 587 (unten)
S. 11: NStAW, 4 Alt 7 N 36 (oben); StABS, H XVI A 3 1 Wendentor (unten)
S. 16: StABS, H XVI A 3 1 Fallersleber Tor
S. 17: StABS, H XI 6 9
S. 21 (unten); S. 22; S. 23: StABS, H XVI A 3 1 Steintor
S. 27: Städtisches Museum Braunschweig (oben); StABS, H XVI A III 1 Ottmerbrücke (unten)
S. 29: StABS, H XVI A III 1 Augusttor (oben); Herzog-August-Bibliothek Wolfenbüttel, Top 13b 11 (unten)
S. 30: StABS, H XVI A III 1 Augusttor
S. 31: StABS, C IV 4 1
S. 33: StABS, H XVI E IV 1 Alter Hauptbahnhof (oben); NStAW, 76 Neu Fb 2 Nr. 3262 (unten)
S. 35 (unten): StABS, H XVI A III 1 Gieseler
S. 37 (unten): StABS, H XVI A III 1 Wilhelmitor
S. 41: NStAW, K 10724
S. 42/43: NStAW, 4 Alt 7 N 36
S. 44 (rechts): StABS, D V 1 c
S. 48: StABS, H XI 6 9
S. 49: StABS, H XVI A III 1 Petritor (oben); NStAW, 76 Neu Nr. 3279 (unten)
S. 51: Städtisches Museum Braunschweig, 1700 0704
S. 55: StABS, H XI 212 (links)
S. 15; 19; 21; 25; 35 (oben); 37 (oben); 39; 47; 53 (unten); 55 (rechts); 56; 57; 59: Stadt Braunschweig, Tiefbauamt